# PAQUITA EN TIERRA
# DE MOROS

ExLibric

DRIS BOUISSEF-REKAB LUQUE

# PAQUITA EN TIERRA
# DE MOROS

EXLIBRIC
ANTEQUERA 2024

**PAQUITA EN TIERRA DE MOROS**
© Dris Bouissef-Rekab Luque
Diseño de portada: Dpto. de Diseño Gráfico Exlibric

1ª edición


© ExLibric, 2024.


Editado por: ExLibric
c/ Cueva de Viera, 2, Local 3
Centro Negocios CADI
29200 Antequera (Málaga)
Teléfono: 952 70 60 04
Fax: 952 84 55 03
Correo electrónico: exlibric@exlibric.com
Internet: www.exlibric.com

ISBN: 978-84-10076-54-9
Depósito Legal: MA 30-2024

Impresión: PODiPrint
Impreso en Andalucía – España

Nota de la editorial: ExLibric pertenece a Innovación y Cualificación S. L.

DRIS BOUISSEF-REKAB LUQUE

# PAQUITA EN TIERRA
# DE MOROS

*El siguiente relato recrea algunas circunstancias de la trayectoria de una familia hispano-marroquí. Casi todos los personajes han existido. El autor los presenta según los recuerda, pero algunos acontecimientos e individuos sumidos en el olvido han sido descritos imaginariamente. También han sido cambiados algunos nombres.*

# Índice

*Para mi familia,*
*la cristiana, la mora y la atea, si la hubiere,*
*la que he conocido y la que nunca pude conocer.*

# Capítulo I

# PAQUITA Y MOHAMED
# SE CASAN

En una conversación con unos amigos que migraron a Suiza, me contaron algo muy interesante:

—Dicen que criticar un país es la mayor forma de amor que existe.

—¿Por qué? —pregunté—. Criticar a las amigas, por ejemplo, está mal visto, aunque lo hagamos todas.

—Porque demuestra que no te conformas, que quieres que mejore.

Si tomamos esta premisa como cierta, España tiene unas, unos y unes habitantes que la aman muchísimo.

Quan Zhou

Érase una vez un viejo moro[1] sentado en un poyo de cemento adosado a la pared de una casita. Miraba el agua azul y la costa que se vislumbraba al otro lado, en la otra orilla, una costa montañosa contemplando esta en la que él estaba, y entre las dos discurriendo en silencio un ancho, profundo, corto y peligroso río: el estrecho de Gibraltar.

Aquel chorro de agua tan suave y tan manso parecía acariciarle la vista. Un chorro de agua que separaba y sigue separando dos países (España y Marruecos) y dos continentes (Europa y África). Ojalá algún día los una, anhelaba el viejo filosóficamente.

Por el estrecho de Gibraltar sopla a menudo un fuerte viento que puede ser de levante o de poniente. Al viejo le gustaba oír ulular aquella voz de la naturaleza. Sentíase una pequeñita parte, una ínfima parte de ella, pero muchas veces el ulular descansaba. Con o sin ventisca, el panorama era uno de los más bellos para el viejo aquel, que se pasaba tardes, horas y minutos mirando y leyendo, alternativamente. A veces, también escribía en un cuaderno. Allí, con o sin ventisca, él se dejaba envolver por aquel silencio y aquella serenidad o aquel dulce ulular y se ponía a recordar cuando no leía o escribía. Sólo le quedaba rememorar el pasado, sólo tenía ante sí su pasado y el de los suyos, porque futuro ya no le quedaba. O muy poco, por ley de vida.

Nació en Tetuán, hacia finales de la primera parte del siglo veinte en plena morería. La puerta de su casa se encontraba casi exactamente enfrente de la Gran Mezquita de la ciudad, le contaba su madre.

---

[1] La palabra «moro» tiene numerosos sentidos. Aquí significa exclusivamente «musulmán» y/o «marroquí» y, según el contexto, puede conllevar una carga de racismo o no conllevarla.

—Nosotros vivíamos en la morería, primero en una casa frente a la mezquita grande. Después en otra casa compartida con Ahmed el-Idrissi y su familia, hasta que nos fuimos a la huerta. ¡Ay, hijo, la dichosa huerta, que no se me olvida por mucho que quiera olvidarla!

Era el segundo de seis hermanas y hermanos. Como era el primer hijo varón, su padre, que se llamaba Mohamed, quería ponerle el mismo nombre, por ser, además, este el nombre del profeta de los musulmanes, pero su madre dijo que no, que, por favor, le pusiera otro. Y le propuso uno que a ella le gustaba. Y como su progenitor aún estaba muy enamorado, aceptó que su primer vástago llevara el nombre de Dris. En realidad, el nombre exacto es Idris, pero los marroquíes se comen la i de Idris, lo mismo que se comen la de Ibrahim, la de Ismail y todas las que se les pongan por delante.

Mucho antes de morir, su madre le contaba cómo fueron los tres años que vivieron en la morería.

—Era una de esas casas típicas con patio interior. Era amplia, tenía bonitos azulejos en el suelo y en las paredes, pero, hijo mío, ahí no entraba un rayo de sol ni perdiéndose en el camino y todas las ventanas daban al patio, no a la calle. Yo no estaba acostumbrada a eso y, además, era la única mujer no mora en toda esa zona.

—Pero ¿tú no te habías convertido al islam?

—Sí, oficialmente, pero yo seguía vistiéndome igual, con mi ropa de siempre, no llevaba chilaba, ni velo; si acaso, algunas veces, un pañuelo en la cabeza. Y cada vez que salía la gente me miraba y hacía comentarios. Y no es que yo saliera mucho, pero si tu padre no estaba y necesitaba algo, pues iba a unas tiendecitas que había por ahí.

—¿Y cómo te entendías con los tenderos?

—Bueno, la mayoría sabían algo de español, pero si no lo sabían, pues tampoco era difícil pedir tal o cual producto, incluso señalándolo con la mano. Y ellos me decían los nombres y así iba aprendiendo poco a poco.

—¿Y papá no te enseñaba?

—¡Qué va! Con él sólo hablaba español.

Las conversaciones de Dris con su madre (también siempre en español) empezaron primero a partir de 1981, esporádicamente, cuando ella lo visitaba en la cárcel. Después, a partir del año 2000, cuando él había superado ya los cincuenta y quería saber cómo una española cristiana se había casado con un marroquí musulmán en un entorno social y político de una «supremacía» de los colonizadores españoles y una «inferioridad» de los marroquíes colonizados, a los que tildaban sistemáticamente de moros, con todo el menosprecio y toda la carga racista que podía conllevar la palabra en boca de mucha gente.

También quería conocer, contada por ella, la historia de aquel romance entre sus progenitores. Su padre había muerto en 1971, y de todos modos con su padre no hubiera podido ser, con su padre no hablaba mucho. Pero, a partir de esa época del 2000, en que su madre vivía bastante tiempo con él en Salé, con su esposa y la hija pequeña de ambos, pensó que recordar detalles del pasado y hablarlos lo acercaría más a ella (y ella a él).

—¿Que cómo es que me casé con un moro? Pues nada, hijo, que nos enamoramos, se me declaró y nos casamos.

—¿Así de sencillo?

—Bueno, no, claro que no. Al contrario. En realidad, me casé contra la voluntad de mis padres, bueno, principalmente de mi madre. Que descansen en paz los pobres. Pero papá no. A papá no le gustaba mucho la idea, pero no estaba en contra.

—Entonces, a ver: tú te casaste con treinta y un años, y a esa edad, en esa época, una chica era ya una solterona, ¿no? Mira la tita Rosario, que se casó antes de los veinte.

—Desde muy jovencita, el afán de la tita Rosario era casarse, y ese no era mi caso. Pero verás, a mí pretendientes no me faltaron, hasta salí con varios, pero, hijo mío, eran tan burros y tan ignorantes que no los podía aguantar. Mamá sí deseaba que me casara pronto; sin embargo, yo no quería ni por asomo irme con el primer patán que se me presentara.

—¿Tuviste problemas con la abuela a causa de eso?

—Bueno, algunos. A mí mi madre me obligó a salir del colegio, porque yo hacía teatro, cantaba, y algunos profesores le dijeron que yo tenía grandes dotes de actriz, que había una compañía con la que podían ponerme en contacto. Bueno, hijo, fue oír eso y poner el grito en el cielo, que si querían hacer de mí una puta…

—Madre mía, ¿eso dijo?

—Sí, hablando con papá, en su dormitorio, pero la casa donde vivíamos era chiquitita. Bastaba con que levantasen un poco la voz para que todo se oyera. Y yo, claro, estaba al tanto, para saber qué iban a decidir sobre lo del teatro. Papá decía que sí, que no era ningún problema, que tenía confianza y fe en su hija. Pero mamá se puso hecha una fiera: que no, ni hablar, que antes me llevaba a un convento. Nada, que no hubo manera.

—Pero el abuelo podía haber insistido más, ¿no?

—Sí, hijo, supongo que sí. Lo que pasa es que a papá no le gustaban las disputas y, además, tu pobre abuelo se las veía y deseaba para darnos de comer a todos y vestirnos, que éramos ya cuatro hijos. Así que, tal como decía mamá, pensó que yo sería más útil ayudando en casa.

—¿Te sacaron del colegio?

—Sí, al finalizar ese año.

—¿Qué nivel de estudios tenías, mamá?

—Yo tenía ya casi dieciséis años e iba a pasar a quinto de bachillerato.

—Qué lástima, ¿no? No haberte dejado continuar.

—Bueno, lloré hasta hartarme. Supliqué, pero la respuesta de mamá era siempre la misma: que me prefería de ignorante antes que de puta. Y yo, la verdad, también comprendía que en casa mamá necesitaba ayuda, y que estudiar costaba mucho dinero para lo que ganaba mi pobre padre, así que… Y como yo era la mayor, pues eso, hijo, que me tuve que salir.

—Ya veo. Entonces, ¿la abuela pensaba que hacer teatro y ser actriz era como ser una prostituta?

—Exactamente, hijo. Mira, yo, en realidad, era algo diferente de mis hermanos, sobre todo de mis hermanas. Rosario era seguramente la más guapa, con esos ojos verdes que tenía…

—¿Era la única con ojos verdes?

—Todos teníamos los ojos azules, menos ella, que los tenía verdes, y Maruja, que los tenía más bien negros. Bueno, pues Rosario sólo quería buscar novio y casarse, y tuvo la suerte de encontrar a un hombre bueno como el pan, Antonio, socialista él, pero más tarde, después de la guerra, se hizo policía. Mi segunda hermana, Ángeles, era como yo, una buena estudiante, y mamá no la sacó del colegio, porque quería ser enfermera especializada en cirugía y es lo que fue más tarde. Maruja, la más joven de las chicas, odiaba estudiar y cateaba cada dos por tres, y sólo acabó la primaria. Pero eso no era problema para mamá, que decía que para qué tenía una mujer que estudiar si, de todos modos, se iba a casar y se iba a ocupar de su hogar. Y yo, pues... A mí me encantaban los estudios, me encantaba leer novelas y cuentos y obras de teatro, me encantaba participar en los actos culturales de los colegios en los que estuve...

El viejo Dris, recordando estas cosas, pensaba que si su madre hubiese sido actriz, él seguramente no hubiese existido como hijo de Paquita y Mohamed. Con esas ideas tan conservadoras y su dureza educativa, doña Josefa había truncado, como mínimo, la posibilidad de que Paquita progresara en sus estudios. El resultado fue que Paquita y Mohamed se conocieron. Y el viejo, entonces, pensaba que igual tenía que agradecerle a la abuela Josefa esas ideas conservadoras y esa dureza.

En cualquier caso, no era fácil que una española cristiana y un marroquí musulmán se conocieran en esa época y, mucho menos, que se casaran.

Fue en un Tetuán en el que los contactos, las comunicaciones, las relaciones entre colonizadores españoles considerados cultos y civilizados, por una parte, y colonizados moros mayoritariamente analfabetos, por otra parte, eran mínimos.

Socialmente, los españoles eran los ricos, los pudientes, comparados con los moros, que eran los pobres, los miserables, los muertos de hambre. Estos vivían en su morería: calles estrechas, oscuras, húmedas, sucias y peligrosas, en opinión de muchos españoles; los españoles vivían mayoritariamente en el Ensanche[2],

---

[2] El plan de ordenamiento urbano del ensanche tetuaní fue concebido en 1914 y,

DRIS BOUISSEF-REKAB LUQUE

la «ciudad nueva» construida para ellos, para algunos pocos moros pudientes afines a su causa colonizadora y algunos judíos ricos. Era una ciudad o, más bien, un extenso barrio con sus anchas avenidas (anchas para esa época), sus edificios rutilantes, sus tiendas resplandecientes, sus cines y teatros, y un sol que parecía brillar de día y de noche sólo para ellos; la numerosa comunidad judía de Tetuán era mayoritariamente, por no decir totalmente, afín a los «protectores» españoles[3]. Estaban apiñados en su judería: también calles estrechas, oscuras, húmedas, pero mucho menos peligrosas, porque los judíos, según los «protectores», no eran tan ladrones, ni tan traicioneros, ni tan mentirosos, ni tan sucios, pero eso sí: rácanos hasta la mismísima raíz de su alma infiel, tan infiel como la mora, por cierto, porque en eso moros y judíos eran tal para cual.

Paquita le contaba a su hijo Dris que ella nunca había conocido antes de casarse a un moro o a una mora. Los veía pasar, claro. También los veía en el trole, en algunas tiendas del Barrio o en el mercado, pero no existía ningún tipo de relación entre ellos.

—La verdad es que ellos vivían en sus sitios y nosotros en los nuestros, y si nos cruzábamos, pues si acaso los «buenos días», porque no los conocíamos ni nos conocían.

Paquita sólo había conocido a uno, dos o tres años antes de casarse. Ese ejemplar era el marido de su mejor amiga, Juanita, y

---

para ello, las autoridades colonialistas destruyeron 1.100 metros (desde Bab Remuz hasta Bab Tut) de la muralla que rodeaba el casco antiguo de Tetuán.

[3]    La II República española les concedió a los judíos la nacionalidad española: «El gobierno de la República no supuso grandes cambios en el protectorado, se concedió la nacionalidad española a los judíos y se ocupó de Ifni». Ver Biblioteca Nacional de España (BNE), Protectorado de España en Marruecos. 1912-1956, p. 4 (consultar Protectorado español en Marruecos, en Google).

su nombre era Selam. Era un hombre moderno, muy simpático, muy españolizado y muy de acuerdo con que a los moros había que civilizarlos.

Después de abandonar el colegio y de aprender a coser y a cocinar, a bordar, a hacer ganchillo; después de esperar sin éxito a su príncipe azul durante años, dando tumbos con los suyos de ciudad en ciudad; después de instalarse definitivamente la familia en Tetuán; después de todo eso, Paquita decidió trabajar para ayudar a la familia y poder ahorrar algún dinero para ella misma. Se puso de dependienta en una zapatería, la más grande y lujosa del Ensanche tetuaní, situada en plena calle que se llamó de la República y, unos años más tarde, siguiendo los vaivenes históricos, bautizaron con el nombre de calle del Generalísimo Franco. La tienda se llamaba La Regia.

En poco tiempo empezó a ser muy estimada por el dueño: era eficaz, seria, honesta, cumplidora, agradable con la clientela y, además, muy guapa.

A pesar de tener ya un puesto fijo como dependienta, Paquita siguió viviendo con su madre, hermanos y hermanas (el padre se ausentaba bastante por su trabajo), amontonados todos en una casita del Barrio Málaga. Era así porque, entonces, a una joven soltera no se le dejaba vivir sola ni en sueños. Pero Paquita estaba bien con su familia y materialmente no podía quejarse (y no se quejaba, al contrario). Sin embargo, sentimentalmente se sentía frustrada. Ella no se lo decía así a su hijo, pero él, por su conocimiento de algunas particularidades de los humanos, hombres y mujeres, sabía, o intuía, que su progenitora debía de ir acumulando una buena carga de inquietudes íntimas. Ella sabía que no se iba a quedar para vestir santos, porque muchos jóvenes deseaban salir con ella, ser sus novios, incluso ser sus maridos inmediatamente. Pero ni por casualidad aparecía en su vida el hombre culto, apuesto, amable, generoso, guapo, varonil que sus sueños le proponían cada noche y cada vez que leía una novela y cada vez que veía una película, y con el que se imaginaba apasionadamente abrazada, viviendo feliz con sus maravillosos hijos e hijas.

Fueron bastantes y difíciles años de espera los que tuvo que aguantar Paquita, con su madre azuzándola sin piedad para que se casase de una vez con fulano o mengano, dándole el ejemplo de su hermana Rosario, que ya tenía un niño y una niña, y estaba embarazada y vivía la mar de feliz con su marido, Antonio Ramírez Samper.

—Es verdad que Antonio era un hombre maravilloso, más bueno que el pan, y Rosario fue muy feliz los quince primeros años de su matrimonio. Si los que se me acercaban hubiesen sido la mitad de buenos e instruidos que Antonio, seguramente me hubiese casado. Pero, hijo, eran tan burros, tan ignorantes…

—A lo mejor es que tú eras demasiado exigente, ¿no?

—¡Qué va! Lo que pasa es que en el Barrio sólo había obreros e hijos de obreros, o tenderos, o cosas así, y mucha violencia de los maridos contra sus mujeres, porque yo veía y oía hablar de lo que pasaba en muchas casas: el hombre gritando, a menudo borracho por las noches, gastándose el dinero en vino…Y los hijos mamaban de eso y salían casi todos así, sin estudios, sin profesión.

—Pero ¿no había jóvenes buenos, amables, guapos, inteligentes…?

—Pues claro que los había, pero, o eran más jóvenes que yo, o yo no les interesaba, o ellos no me interesaban, o ya tenían novia. No, hijo, no, con los que venían ni hablar, mejor quedarme soltera que vivir toda mi vida en un infierno, porque, entonces, había que casarse por la Iglesia, que prohíbe el divorcio.

Y hete aquí que un buen día apareció el moro Mohamed.

Paquita contaba que había sido una tarde de domingo. Hacía un tiempo precioso de primavera, sin viento, con ese sol tibio que te acaricia los sentidos, te hace amar la vida y querer la ciudad de Tetuán. Estaba en *El Feddán*[4], sentada en uno de esos bancos de piedra adornados con azulejos, al lado de Juanita y su marido Selam. Él roía pipas y ellas dos iban lamiendo poco a poco sus helados, mientras charlaban de sus cosas. De pronto, oyeron una voz de hombre sonora y límpida:

—¡Hola, Selam! ¿Qué tal?

Selam se puso en pie para responder al saludo, estrechándole la mano al recién llegado:

—¡Hola, Mohamed! ¡Qué sorpresa! ¿Qué te cuentas? ¿Qué haces por aquí?

El tal Mohamed saludó también a Juanita, a la que ya conocía, y mirando fijamente a Paquita, le preguntó a su amigo:

—Oye, Selam, ¿quién es esta chica tan guapa? Preséntamela, hombre.

—Pues claro que sí. Mira, Mohamed, te presento a Paquita, nuestra mejor amiga. Paquita, este es Mohamed, mi mejor amigo moro. Trabajamos juntos en Asuntos Indígenas.

---

[4] *El Feddán:* su nombre oficial era plaza de España. Era un pequeño y lindo parque concebido por Mariano Bertuchi (Granada, 1884 - Tetuán, 1955) y que Hassan II hizo destruir para transformarlo en una suerte de amplísimo umbral (más de 2000 metros cuadrados, calcula el viejo Dris) de la puerta de su palacio.

Entonces, Mohamed, cogiéndole la mano a Paquita para saludarla, pero sin soltarla y sin quitarle los ojos de encima, le dijo:

—Señorita, permítame decirle que es usted la mujer más bella que he visto en mi vida.

—Muy romántico, ¿no? Sobre todo, viniendo de un moro.

—Pues sí, hijo. La verdad es que no me esperaba una cosa tan fina.

Paquita, al contar este primer encuentro con Mohamed, decía que quedó bastante impresionada por su porte y su atuendo: había observado desde el primer momento que iba impecablemente bien vestido, con camisa impoluta, corbata, traje y unos bonitos zapatos de calidad (ella de zapatos sabía mucho). También se dio cuenta de otros detalles, de los que se acordaba muy bien: el tal Mohamed, además de ir elegantemente vestido, era muy guapo y hablaba muy bien español. Tenía rasgos finos y en su cara sobresalían unos grandes ojos almendrados, sus cejas negras como el azabache, que parecían dibujadas por el más grande de los pintores, y sobre todo unos rayos de luz que salían de sus pupilas y raudas se incrustaban en su corazón.

Ella, Paquita, no lo contó con esas palabras. Ella sólo reconoció que la miraba con insistencia. Decía que parecía embobado. Dicho de otro modo, parecía que los ojos del pobre hombre, el futuro padre, habían sido atados, Dios sabe por qué fuerza invisible, a la realidad de aquella bella mujer, la futura madre.

No recordaba bien (afirmaba ella) de qué habían hablado, pero sí recordaba que, mirándolo y constatando su apostura, lo había comparado mentalmente con los toscos patanes de su barrio, pensando rápidamente «Dios mío, qué diferencia». Porque el aspecto físico del tal Mohamed, la soltura con la que hablaba español, esa frase preciosista y admirativa que le había dirigido, los rayos de luz de sus ojos negros, todo eso la había dulcemente conmocionado. Y, entonces, cuando él antes de irse le propuso verse de nuevo, ella respondió que sí, que de acuerdo, que trabajaba en La Regia.

Al día siguiente, lunes, fue a buscarla a la salida del trabajo. Estaba elegante y tan bien puesto como el día anterior. Cuando supo que vivía en el Barrio Málaga, le propuso ir a pie, andando tranquilamente para poder charlar. Ella aceptó con gusto la propuesta.

Durante el camino, él quiso saber si tenía novio. Ella dijo que no y le preguntó si estaba casado. Este respondió que no y ella se extrañó, porque tenía entendido que los moros se casaban muy jóvenes.

—Verás, mi madre hace ya mucho tiempo que me ha propuesto no sé cuántas primas y chicas de familias que ella considera dignas de mí, y siempre las he rechazado, porque yo no quiero casarme de esa manera. Yo quiero conocer primero a mi futura esposa y elegirla yo mismo y que ella me conozca a mí y esté de acuerdo.

—En eso estamos casi iguales. Hace tiempo también que mi madre no deja de insistir en que me case.

Durante la media hora larga que duró la tranquila caminata desde el Ensanche hasta el Barrio Málaga, hablaron de sus respectivas madres, padres, hermanos, hermanas… Así supo ella que él era hijo único y que su padre había muerto; él, que ella había querido hacer una carrera artística y que su madre no se lo permitió; ella, que él se había ido de su casa con apenas dieciséis años, primero esporádicamente, porque no le gustaba la vida en el campo y, más tarde, de manera definitiva, porque su padre murió y su madre se volvió a casar con un sinvergüenza (era la palabra que utilizaba Mohamed), con el que no se entendía ni a sol ni a sombra; él, que ella había decidido trabajar para ayudar a la familia y ahorrar algo de dinero; ella, que él había aprendido a leer y a escribir en árabe en su pueblo y el español solo, después de venirse a Tetuán.

Cuando llegaron cerca de su casa, anunció ella:

—Bueno, ya hemos llegado. Vivo aquí —anunció ella señalando un bloque de viviendas adosadas unas a otras, de una sola planta, con techos de tejas. El conjunto se denominaba barriada del Generalísimo Franco y constaba de cinco grupos. Paquita residía en el número 10 del grupo 2. Se trataba de viviendas populares construidas por las autoridades municipales exclusivamente para ciudadanos españoles. Estaban edificadas casi al pie de uno de los flancos del Yebel Dersa, que iba bajando hacia el río Martín[5] por la parte suroeste.

Él, viendo que el necesario instante de la separación había llegado, exclamó:

—¡Qué lástima que ya hayamos llegado! ¿Por qué no se fueron a vivir un poco más lejos tus padres?

Ella sonrió con alegría, comprendiendo el sentido de la pregunta.

---

[5]  Pequeño río que los tetuaníes moros llaman «Ued el-M'hannech», algo así como «el río serpenteante», y que actualmente denominan oficialmente «Ued Martil», en vez de Ued Martín.

—Mira, más lejos está el campo. Esto es el fin de la ciudad, así que es imposible seguir adelante.

—Sí, claro. Pero oye, necesito verte de nuevo. ¿Voy a buscarte mañana?

—De acuerdo, hasta mañana.

Se dieron la mano y se sonrieron. De los ojos de él salió una lucecita como pícara y saltaron otra vez esos rayos que hicieron latir con más calor el corazón de ella, que apartó su mirada, quizás sonrojándose un poco, y se separaron, pensando los dos en el día siguiente por la tarde.

*Paquita (derecha), su hermana Ángeles (izquierda) y tres amigas en el tren Ceuta-Tetuán, el 16 de abril de 1939.*

El martes a las doce del mediodía Paquita salió de su trabajo y cogió el trole para ir a su casa a almorzar, como cada día laboral. La estaba esperando su madre, quien, sin darle tiempo a poner el bolso sobre la mesa y sin responder a su «hola, mamá», en jarras, le preguntó de sopetón:

—Oye, me han dicho que ayer por la tarde vino un señor contigo hasta aquí. ¿Quién era?

—Vaya por Dios… ¿Quién te lo ha dicho, mamá?

—¡Pues quién va a ser, hija, si te han visto todos los vecinos!

—Vaya con los vecinos… ¿No tienen otra cosa que hacer que sea de más provecho?

—¿Quién era ese… señor? ¿Se puede saber?

—Me lo presentó Selam, el marido de Juanita.

—¿Y también es moro, como ese Selam?

—Sí, es moro.

—Vaya, otro moro. ¿Y se puede saber qué intenciones tiene este moro tuyo, hija?

—No es mío, mamá. Acabamos de conocernos, me ha acompañado y ya está.

—Sí, ya. ¿Y no podías tener amigos españoles, en vez de juntarte con moros?

Paquita no respondió. Hubiera podido replicar que ella salía con quien le daba la gana, pero había aprendido a respetar a sus padres, a no ser impertinente, a obedecer. Y doña Josefa, viendo que su hija no respondía, la dejó y se fue refunfuñando a poner la mesa.

Los días siguientes Mohamed siguió viéndose con Paquita. Le declaró su amor y le propuso casarse. Ella le pidió un poquitín de tiempo para darle una respuesta. Durante esas dos primeras semanas de encuentros no le contó la reacción negativa de su madre, pero, evidentemente, la tenía preocupada. Pensaba para sí misma que ese matrimonio, de llevarse a cabo, podría romper sus relaciones con su familia, en particular con su madre, cuando ella únicamente quería casarse con un hombre de bien del que estuviese enamorada. Mohamed era guapísimo, apuesto, educado, amable, de mente abierta, vivía a la manera española y no a la manera mora, tenía un buen trabajo como intérprete y un buen sueldo, y estaba enamoradísimo. Lo decían sus ademanes, su cuerpo, sus anhelos, sus palabras. Y ella —tenía que reconocerse a sí misma esa verdad— también estaba enamorada. No había podido resistirse a esos rayos de luz que desde esos ojos negros centelleantes la penetraban y le removían la sangre y los sentimientos, el cuerpo y el alma.

—Yo aproveché que papá volvió temprano de su trabajo, unos quince días después de haber conocido a tu padre, y le dije a él y a mamá que iba a casarme con tu padre. «Tu novio moro» lo llamaban ellos.

—Claro, es que un nombre más moro que Mohamed no existe.

—Bueno, hijo, para qué lo dije… Fue acabar yo y armar mi madre la marimorena. Me dijo de todo, que era una idiota, porque iba a irme con salvajes, que qué iba a ser de mí, que nunca lo consentiría, que nunca aceptaría estar emparentada con moros, que si era así, ya podía estar yéndome de casa. Papá la había dejado explayarse a placer, pero cuando dijo eso de que me fuese de casa, intervino con decisión: «*A ver, Josefa, ¿quieres dejar de gritar, por favor? Gritando no vamos a arreglar nada. Así que haz el favor de callarte*».

El señor José Luque Carmona, el abuelo de Dris, era cordobés. En Córdoba nació y allí se casó con Josefa Llamas Arjona. Era carpintero. Su ilusión era abrir un negocio particular, ser el propietario de un taller y fabricar muebles de calidad, porque él amaba su oficio y quería prosperar, ser alguien en su profesión. Pero no era rico y no pudo abrir un taller suyo. Después de casarse, se fue con su esposa a buscar algo mejor en Villanueva de Algaidas (provincia de Málaga), donde trabajó un año más o menos.

Allí nació Paquita en 1913, muy poco después de firmarse entre Marruecos y España el acta del protectorado. En ese entonces, el abuelo José, que era un hombre inquieto, un hombre que quería mejorar su situación, que sabía que era capaz de hacerlo, constató que en el pueblecito de Villanueva de Algaidas eso era imposible. Entonces decidió buscar suerte en otra parte.

Se decía que en ese territorio virgen que era el protectorado un hombre emprendedor podía hacerse rico, ya que existían muchas posibilidades de trabajo. Numerosos españoles hacían sus maletas y se iban a África en busca de nuevas oportunidades. Así que decidió hacer lo mismo y allá que se fue con su mujer y su hija. Se instaló primero en Tetuán, donde, efectivamente, había trabajo. Allí permaneció unos años, pero nunca supo el viejo Dris si porque su negocio ya no funcionaba bien o si por causa del gusano del movimiento y de nuevos conocimientos, se fue a Rabat, con más hijos y con doña Josefa embarazada, y se instaló en el barrio l'Océan, en el que vivía una importante comunidad española.

A Paquita la pusieron en una escuela donde las clases para europeos sólo se impartían en francés. Allí aprendió la lengua de Molière, pero el abuelo, no se sabe por qué, decidió nuevamente cambiar de aires y estuvo en varias localidades «francesas» antes de asentarse definitivamente en Tetuán, en el Barrio Málaga, después de 1930 y antes de 1936. Y antes de Tetuán ya había estado en Alcazarquivir y Larache.

En la casa del Barrio seguían viviendo en esa época en que Paquita y Mohamed se conocieron y en que ella les anunció a sus padres que se iba a casar con su novio moro.

Paquita le explicaba a su hijo que su padre, el de ella, tenía por costumbre hablar con tranquilidad, de manera acompasada, casi siempre con una sonrisa iluminándole el semblante, porque era un hombre amable y bondadoso, pero que esa vez tenía la cara sombría y el tono severo, duro. Josefa se calló y él continuó su intervención con la misma severidad: «*De esta casa no se va nadie si no es por voluntad propia. Esta es la casa de todos por igual. ¿Estamos de acuerdo?*».

Todos se callaron la boca. Entonces su padre, después de un momento de silencio, se dirigió a ella, en un tono mucho más suave: «*Mira, Paquita, no me gusta mucho que tengas un novio moro, pero eres libre de elegir y de decidir. Tú eres la que vas a vivir con ese señor si te casas con él y, en parte, vas a vivir también con los suyos, supongo. Entonces, yo sólo te pido una cosa: que te lo pienses mucho, que te asegures de tus sentimientos y de los de él. Y si sigues adelante, pues que seas muy feliz, hija mía, porque para mí lo más importante es que seas feliz*».

El viejo Dris iba hilvanando recuerdos mientras miraba el agua, que se ponía poco a poco oscura, y las tenues luces de Tarifa, que se habían encendido. Paquita le había dicho a Mohamed que ese día en que les anunció su noviazgo se puso a llorar al final de la intervención de su padre. La tensión vivida durante dos semanas y la angustia que estaba viviendo en ese preciso momento pudieron con ella y se le derramaron en amargas lágrimas. Y es que ella no deseaba que sus padres se pelearan, ni que su madre le regañara, ni que quisiera expulsarla, ni quería romper con su familia, sólo quería casarse con un hombre al que amaba. Pero, al mismo tiempo, tuvo miedo, porque las palabras de su padre le hicieron tomar consciencia con una implacable nitidez que iba a adentrarse en un mundo desconocido, tener que relacionarse con gente de cuyas costumbres y lengua no tenía idea. ¿Cómo sería su nuevo medio social? ¿Cómo era la familia de Mohamed? ¿La rechazaría como rechazaba su madre a Mohamed?

Paquita le contó repetidas veces a su hijo lo ocurrido aquel día en que les anunció que se iba a casar con un moro, porque se le había quedado grabado en la mente. Sin duda, porque fue el día que decidió de manera definitiva unir su porvenir al de Mohamed. Decía que ese día, la abuela Josefa, visiblemente enfadada y con cara de pocas amigas, se fue a otra habitación. Y el abuelo José, después de pedirle suavemente a su hija que dejara de llorar y de acariciarle el pelo, siguió a su esposa. El benjamín, Eduardo, se quedó allí, pero no decía ni hacía nada. Era demasiado pequeño. También Ángeles se quedó callada. Sólo Maruja, que andaría por sus catorce primaveras, se acercó a ella, la abrazó y le dijo: «*No llores, tonta, que papá está contigo*».

Ella, triste y deprimida, se levantó y se fue su cama, donde siguió llorando un buen rato. Y antes de dormirse, pensó que, pasara lo que pasara, se casaría con Mohamed, porque era el hombre a quien amaba y estaba segura de que él también la amaba. Y era un buen hombre y tenía el ejemplo de Juanita.

Al día siguiente le contó a su novio lo ocurrido. Él la consoló y le aseguró que ellos vivirían solos, independientemente de sus dos familias, que criarían a sus hijos —si Dios se los daba— a la manera de ellos dos y de nadie más. Decidieron, pues, casarse lo antes posible.

Pero de inmediato se les presentó un problema: ¿qué autoridad competente los iba a casar, la cristiana o la musulmana? Porque ni en el bando marroquí moro ni en el español cristiano existía la posibilidad de un matrimonio civil. Mohamed le dijo entonces: «*Mira, Paquita, a mí me da igual que nos case un moro o un cristiano. Lo que me importa es casarme contigo y vivir contigo y fundar una familia contigo*».

A ella le encantaron esas palabras.

Acordaron casarse bendecidos por la Santa Iglesia católica. Paquita se lo anunció a su madre. Quizás, eso la haría cambiar de opinión.

«*¿Dices que quiere hacerse cristiano?*». «No, mamá, que nos vamos a casar por la Iglesia, nada más». «*¿Y para qué sirve eso si no se hace cristiano? Mira, hija, un moro es un moro, y ese quiere tu cuerpo porque eres bonita. Después se hartará de ti y te abandonará*». «Que no, mamá, que es un buen hombre…». «*Pues cásate con tu buen hombre, pero no cuentes conmigo para nada*».

A Paquita le dolió la dureza de su madre, pero no era sólo su madre la que la hacía sufrir, porque parecía como si la barriada entera en la que vivía se hubiese volcado contra ella.

—Lo peor no era la abuela, sino la gente del Barrio. Lo que sufrí yo a causa de la gente. Iba por la calle y cualquiera se creía autorizado a espetarme: «*Oye, niña, ¿qué pasa, acaso no hay españoles para que salgas con un moro? ¿Qué tiene un moro que no tenga un español?*». Madre mía… Y las habladurías. Después, tu padre y yo nos reíamos, ¿sabes?, pensando en todas esas tonterías, pero en el momento se pasa bastante mal, hijo.

A pesar de las críticas y de esos rechazos, ella estaba decidida a casarse. Ella y Mohamed hablaron con Juanita y Selam para que los acompañaran a ver al cura, el cual los recibió muy amablemente, decía Paquita:

—Lo que sufrimos a causa de la dichosa boda. Tu padre y yo, con Juanita y Selam, fuimos a ver al cura de Tetuán, que tampoco veía con buenos ojos que me casara con un moro, así que exigió que tu padre se hiciera cristiano, que cambiara su nombre de Mohamed.

—¡Vaya con el cura! ¿Se lo exigió realmente?

—Bueno, no. En realidad, fue muy amable, usó palabras muy suaves, pero era eso: hacerse católico. Así que el buen hombre se lo tomó muy en serio.

—¿Y qué hicisteis?

—Pues que no podíamos casarnos. Tu padre me decía: «*Mira, yo podría mentir y hacer creer que me hago cristiano, pero no me gusta y, además, ¿te das cuenta? En Tetuán, todo el mundo me conoce y todos mis amigos me rechazarían*». Y, entonces, yo le pregunté: «Bueno, Mohamed, ¿qué hacemos?». Y él, el pobre: «*Pues no sé… A menos… ¿A ti no te importaría casarte según la ley musulmana?*». Y le dije: «Pues mira, si la ley cristiana no nos deja, casémonos por la musulmana. ¿Tú crees que puede ser?». «*Sí, claro que puede ser, el problema es que…*». «¿Cuál es el problema?». «*Es que tú, aunque seas mayor de edad, necesitas la autorización de tu padre*». «Bueno, le pido a papá que me escriba la autorización». «*No, no, qué va. Se trata de que esté presente ante los adules en el momento de redactar el acta de matrimonio, que dé su acuerdo expreso y firme el papel. Tenemos que presentarnos ante ellos los tres: tú, tu padre y yo. Entonces ellos piden la autorización de tu padre, te piden a ti tu acuerdo y a mí el mío, me piden la cantidad que te pago como dote y ya está. Pero antes de irnos, leen la Fatiha».* «¿Eso qué es?». *«Bueno, es la primera asura del Corán, en la que los creyentes musulmanes le piden a Dios misericordioso, dueño del universo, que nos guíe por el sendero del bien».* «¿Nada más?». *«Nada más. Con eso ya estamos casados».* «¿Y no se hace ninguna fiesta?». *«Todos los que se casan hacen una fiesta después de ese acto oficial, a veces después de un mes, otras después de un año, depende…, pero la fiesta no es obligatoria. Lo único obligatorio es la autorización parental para la mujer, el acuerdo explícito de la novia y el novio, y el pago de la dote».* «Pues me parece mucho más fácil, ¿no? Oye, ¿y la cuestión religión?». *«Lo más probable es que te pidan que te hagas musulmana, pero tampoco es complicado el acto. De todos modos, puedes rechazar hacerte musulmana y ellos, a partir del momento en que tienes la autorización de tu padre, están obligados a hacerte mi esposa. Si tú también aceptas, claro».* «Es lo que más deseo en este mundo, Mohamed». *«Y yo, Paquita».* «Pues oye, yo no tengo ningún problema en pedirle a Dios que me guíe por el sendero del bien. Y creo que papá tampoco, así que déjame hablarle». *«De acuerdo, ojalá acepte».*

El abuelo José aceptó. Tuvo una reunión con Mohamed para que le explicara bien lo que debía hacer y se presentó con su hija y su futuro yerno ante dos adules con los que ya había hablado previamente Mohamed. E hicieron una fiesta, muy sencilla, no tanto por falta de dinero como porque la abuela, doña Josefa, rechazó tajantemente asistir y les prohibió a sus hijas Ángeles y Maruja y a sus hijos Antonio y Eduardo que asistieran. El abuelo José tenía que trabajar, pero el día anterior a la fiestecita matrimonial les deseó mucha suerte y mucha felicidad.

La hicieron en casa de Selam y Juanita. Fue una fiesta más bien triste, con pocos invitados. Después de ese acto, Paquita se fue, naturalmente, a vivir con su marido.

—Tu padre alquiló la casa de la morería y allá que nos fuimos a vivir y antes del año ya había nacido tu hermana Amina y, once meses después de ella, naciste tú.

—Vaya, parece que papá tenía mucha prisa por formar una familia numerosa.

—Mira, yo no estaba muy de acuerdo. Le decía que fuéramos más despacio, porque yo ya conocía bastante los problemas de una familia numerosa por haberlos vivido con mis padres y hermanos, pero él tenía un buen empleo, no nos faltaba dinero, era hijo único, así que eso a él no le preocupaba y, además, decía siempre que esas cosas eran decisiones de Dios, que era la providencia divina.

—Y tú no pensabas como él, claro.

—Mira, hijo, yo siempre he creído en Dios, pero me daba perfecta cuenta de que los hijos los traíamos nosotros, y no Dios. Pero qué se le va a hacer. Tu padre siempre me repetía una frase que me tenía harta: *«Que sea lo que Dios quiera»,* y ¡hala!, a traer hijos.

Paquita se reía con ganas y también con algo de tristeza recordando aquellos lejanos tiempos.

—Pero dime una cosa, mamá, ¿tú fuiste feliz con papá?

—Ay, sí, hijo, sí que lo fui. Bueno, hubo un momento que pasé como miedo. Fue cuando, justo al casarnos, me prohibió seguir trabajando en La Regia. Me dije para mí «Dios mío, ya empiezan las prohibiciones». Pero no, no siguió por ese camino. Se portaba maravillosamente bien conmigo, era cariñoso, en casa no faltaba de nada, los domingos nos veíamos con Selam y Juanita y otros amigos. Después, claro, pasamos periodos muy duros a causa de la pobreza en la que nos encontramos metidos. A veces, gritaba, pero bueno… Siempre nos traía de comer, aunque sólo fueran lentejas y garbanzos. Y a mí nunca me puso peros para que fuera a ver a mis padres las veces que quería.

—Y él, ¿no iba a ver a tus padres y hermanos?

—Pues no recuerdo bien si fue conmigo tres o cuatro veces, pero no más, porque mamá nunca acabó aceptándolo como yerno. Y él tampoco le tenía mucho cariño a tu abuela, no te creas… Eso sí, aceptó sin problemas que mis relaciones con mamá se normalizaran.

—¿Y qué tal tú con la familia de papá?

—Eso para mí fue una divina sorpresa. Yo no iba a verlos, porque no salía mucho y a tu padre no le gustaba nada ir de visitas, ni siquiera a sus más cercanos parientes. Así que eran ellos los que venían a verme, sobre todo sus tías y primas. Y es que en Tetuán las mujeres moras tenían una bonita costumbre, que era visitarse unas a otras por las tardes, entre parientas y amigas. Y así empezaron a venir a mi casa. La primera vez fue porque yo estaba embarazada de tu hermana. Vino una sola mujer, su tía política, la esposa de su tío materno Ahmed El-Mogha. Ella se llamaba Ashusha[6]. Así que ese día vino Ashusha. Bueno, me la trajo tu padre, porque ella no sabía español, ni yo sabía árabe. La verdad, yo estaba un poco inquieta, porque jamás en mi vida había tenido una conversación con una mora y me preguntaba a mí misma cómo iba a ser esa primera vez con una señora que no conocía y que no podíamos entendernos ni en español ni

---

[6] Ashusha, en el norte de Marruecos, es el diminutivo de Aïsha.

en árabe. Es que en mi vida había visto yo una mora sin el velo tapándole la cara. Para mí, las mujeres moras eran algo abstracto, no sabía cómo hablaban, ni cómo se relacionaban, ni cómo eran sus sentimientos. Aparte, claro, lo que la gente decía, que las moras eran ignorantes, guarras y un poco salvajes.

—Sí, claro, por eso habían venido los españoles a civilizarlas.

—Bueno, hijo, no lo sé. El hecho es que esa fue la primera vez que vi a una mora de verdad sin su velo. Y descubrí a una mujer guapísima e inteligentísima. De verdad, me dejó como boquiabierta. Se quedó en casa por lo menos una hora, y se fue porque tu padre no aguantaba más tener que hacer de intérprete. Era una mujer alegre, inteligente y sabía infinidad de cosas sobre qué tenía yo que comer y hacer para un buen embarazo.

—¿Y os hicisteis amigas?

—Y tanto que sí, hijo, y para mí fue un alivio grandísimo, porque yo me sentía más sola que la una, esas primeras semanas, aparte de Juanita, claro. Y bueno, Ashusha me trajo después a su hija y a una sobrina que sabían español, y así fui conociendo a la familia y aprendiendo árabe, porque ellas se desvivían porque yo hablase árabe con ellas.

—Y la abuela, la madre de papá, ¿la conociste?

—Sí, claro, aunque ella hubiese preferido que su hijo se hubiese casado con una mora elegida por ella. Pero la verdad es que se portó siempre muy bien conmigo y lo más importante es que le regaló a tu padre la huerta un poco antes de morir.

—¿Nuestra huerta? ¿Donde vivíamos?

—Pues claro, ¿cuál iba a ser? Fue como un regalo de boda algo atrasado que le hizo cuando se puso enferma y sintió que se iba a morir.

—Pues eso no lo sabía yo… Claro, por eso no hubo pleito con su padrastro por la huerta.

—Claro, porque, de lo contrario, hubiéramos tenido que seguir viviendo en la morería. La casa de la huerta fue una bendición, aunque después las cosas se nos torcieron a causa del padrastro.

—¿Conociste tú al padrastro?

—Qué va, sólo lo veía de lejos, cuando se dirigía a su casa pasando cerca de la nuestra, viviendo ya nosotros en la huerta. Era bajito, rechoncho y siempre iba vestido con una chilaba marrón oscuro, de lana, y siempre llevaba una carpeta de cuero.

—¿Y por qué lo odiaba tanto papá?

—La verdad es que era un mal bicho. Se llamaba El-Ghomari y se había casado con tu abuela exclusivamente por interés, porque no sólo era más joven que ella, sino que era más joven que tu propio padre, lo que significa que era más joven que su propio hijastro.

—¿Y por eso tuvieron ese pleito por las tierras que dejó en herencia la abuela?

—Sí, hijo, por eso. Resulta que al padrastro le correspondía la tercera parte de las tierras de tu abuela, pero el muy canalla pretendió que tu padre le había prometido la mitad.

—Pero una promesa oral, incluso si la hizo realmente papá, no tiene valor jurídico.

—Sí, pero El-Ghomari, que era pastor cuando se casó y después se hizo adul, era astuto y rastrero como él solo. Yo no sé qué hizo que llevó el asunto a los tribunales de derecho musulmán, que eran los que se ocupaban de cosas de herencias y de matrimonios, y el pleito duró cinco años, creo. Bueno, en realidad, duró toda la vida, porque sólo una parte fue resuelta a favor de tu padre. Y es que detrás de El-Ghomari, apoyándolo muchísimo, incluso con dinero, había una familia tetuaní rica e influyente, la familia Rezini.

—Lo que indica, creo, que había jugosos intereses en juego.

—Había buenas hectáreas en juego. Lo que pasa es que, después de perder su trabajo de funcionario en Asuntos Indígenas, y también porque el negocio de las cabras que había emprendido no iba bien, tu padre fue vendiendo la herencia que no estaba en tela de juicio y cuando al fin ganó una parte del pleito, que fue por 1952, si no me falla la memoria, estábamos ya en la ruina total.

—Sí, recuerdo que Mohamed y yo íbamos descalzos, porque no había dinero para zapatos. Y una de nuestras tareas diarias era ir al basurero de Aviación[7] a rebuscar cosas recuperables que pudiéramos revender, como trocitos de cobre y otros metales, o cosas que llevarnos a casa.

Recordando aquellos tiempos, el viejo suspiraba tristemente, como lo hacía su difunta madre cuando los evocaban juntos. Fue una época dura en la que no tenían ni para zapatos, ni para ropa, ni para cortarse el pelo en una peluquería, ni para comer, ni para nada. Paquita se las ingeniaba para hacerles pantalones a partir de los viejos de Mohamed o de los de sus tíos maternos Antonio y Eduardo. En cuanto a su hermana mayor, Amina, se

---

[7] Aviación: lo que los lugareños marroquíes llamaban «biasiu» era un enorme cuartel militar y, al mismo tiempo, aeropuerto de Tetuán, cuyo nombre oficial era aeropuerto de Saniat R'mel (o Sania Remel). Muy cerca de allí estaba el basurero donde los camiones municipales vertían diariamente sus cargas nauseabundas, y allí iba un enjambre de chiquillos y adultos de los alrededores a rebuscar.

instaló en la casa del Barrio con su abuela Josefa: era una boca menos que alimentar. A pesar de todo, la abuela Josefa no dejó nunca en la cuneta a su primogénita e, incluso, venía a visitarla de vez en cuando a la huerta.

Antes incluso de esa época en que no tenían ni para comer, su padre Mohamed puso de pastor a su hijo Dris, porque el cabrero que trabajaba con él llevándole las cabras al monte se le fue. Corría el año 1951, Mohamed seguramente ya no ganaba suficiente dinero con la leche que ordeñaba cada mañana, así que el niño Dris fue pastor de cabras hasta bien entrado el año 1953.

¿Qué había pasado con Mohamed, que había tenido un buenísimo trabajo en Asuntos Indígenas y se veía en esa difícil situación con toda su familia?

Mohamed había participado en la guerra civil de 1936-39 con las tropas moras de Franco y había sido herido en alguna de las batallas libradas allá por la sierra de Guadarrama, cuando el ejército franquista, con sus moros como carne de cañón en la vanguardia, dirigidos naturalmente por oficiales y suboficiales españoles de pura cepa, sin impurezas de sangre o de ideas, se preparaba para atacar Madrid.

Herido, pues, Mohamed, lo llevaron de vuelta a su ciudad, Tetuán. Allí militó en las filas de Falange Española y de las JONS. Dris no sabía si su padre se había enrolado en ese partido antes o después de su participación en la guerra —tampoco lo sabía Paquita—, pero de lo que sí se acordaba muy bien es de que tenía una pistola que guardaba en uno de los cajones del único y gran armario que había en el dormitorio colectivo de la casa de la huerta, una casa que era más bien una gran chabola, que los marroquíes llaman *nuala*.

Difícil era, con toda seguridad, encontrar moro más fiel al colonialismo y al franquismo.

Gracias a todo eso y gracias a sus competencias lingüísticas, Mohamed tuvo ese puesto tan interesante de intérprete en Asuntos Indígenas, pero lo expulsaron, seguramente, a finales de la década 1940.

Mohamed era un buen hombre, obediente, correcto, serio y cumplidor en su trabajo, pero tenía un genio que cuando se le subía a la cabeza y bajaba recorriéndole la sangre como tropel de caballos enfurecidos lo cegaba y lo hacía incapaz de dominar sus coléricos impulsos. Y él era un hombre que no aguantaba las injusticias, o lo que él pensaba que eran injusticias. Las injusticias eran una de las cosas que lo ponían fuera de sí.

*Mohamed, de flamante falangista.*

En su trabajo tuvo jefes buenos y jefes malos, como en todas partes. Y no se sabe muy bien qué pasó, pero un día tuvo una seria disputa con un superior, se le subió el genio a la cabeza, después le bajó por todo el cuerpo, lo inundó completamente y lo cegó, así que no pudo reprimir sus furibundas ansias y le lanzó un furioso escupitajo en forma de insulto oral: «*¡Me cago en Dios y en tu puta madre, cabrón!*». En una sola frase, cagarse en Dios, en la madre de un superior (además, puta) y tacharlo de casi marica era demasiado grave, sobre todo viniendo de un moro, así que el castigo tenía que ser ejemplar. No lo juzgaron ni encarcelaron (quizás teniendo en cuenta sus afinidades políticas), pero lo expulsaron inmediatamente del trabajo e hicieron de él una *persona non grata* en todas las instituciones españolas de Tetuán.

De hecho, esto del genio irreprimible ya le había jugado una mala pasada a Mohamed. Él era jugador de fútbol profesional en el Atlético de Tetuán y en uno de los partidos el árbitro le pitó una falta que él estimó no haber cometido. Tuvieron una violenta discusión y el señor árbitro decidió expulsarlo. Entonces, Mohamed, loco de rabia, impotente, y ya que de todos modos se tenía que ir, le arreó un puñetazo y se marchó. La pena que le pusieron fue de dos años de inhabilitación total, pero él decidió dejar de jugar para toda la vida. De vez en cuando, hablando con sus amigos en el cafetín de la calle El-Caíd Ahmed, afirmaba que los árbitros eran unos racistas. Quién sabe, a lo mejor algunos lo eran, pero seguro que no todos.

En fin, que de su bonito puesto de intérprete que le encantaba, Mohamed se fue de patitas a la calle. Pero parece que eso no le preocupó mucho. Con el dinero que él tenía y los ahorros de Paquita, se fue a España —por Murcia, creía recordar ella— y se trajo un hatajo de buenas cabras de raza.

Mohamed, pues, se había visto obligado a hacerse empresario campesino, vendiendo en Tetuán la leche que le daban sus cabras. El hombre, sin embargo, no era ni buen campesino, ni buen empresario. Con las cabras y las tierras que poseía hubiera podido prosperar, pero para eso hubiese sido necesario que trabajase muchísimo más. Y él no era un hombre del campo, él era una suerte de sibarita urbano. Él hubiese podido explotar sus tierras, porque, además de la huerta en la que vivía toda la familia, tenía otros terrenos heredados directamente de su padre. Esas propiedades eran muy buenas para el cultivo, pero él vivió durante mucho tiempo realizando exclusivamente las siguientes tareas: se levantaba por la mañana temprano; ordeñaba las cabras lecheras; se fumaba uno o dos cigarrillos de tabaco negro que liaba él mismo; se bebía su café con leche (¿o era un café solo?); cogía las dos grandes jarras de latón repletas de leche fresca y allá que se iba a la parada de la guagua[8], a menos de doscientos metros de la *nuala*. En la ciudad vendía la leche a particulares y en lecherías, se compraba buñuelos morunos, desayunaba en algún café y se pasaba el resto del día de *farniente*, no haciendo nada o, mejor dicho, tranquilamente sentado en su café de la calle El-Caíd Ahmed, charlando con sus amigos, bebiendo su té con menta, fumando su kif, jugando a las cartas o al parchís, almorzando en un restaurante popular de la calle Ezzawia, saboreando sus cervezas preferidas y sus buenos vinos y sus suculentas tapas en el bar La Parra, o en un casino,

---

[8] La guagua: los tetuaníes moros y los campesinos de los alrededores la llamaban «el-wawa», y era el autobús que iba de Tetuán a «Aviación», el único existente en aquel entonces.

yendo a ver a algún que otro amigo o, quién sabe, quizás a alguna que otra amiga, realizando a veces alguna gestión relativa al
pleito con El-Ghomari. Volvía a casa ya bien avanzada la tarde,
de noche o casi de noche. El terreno que había alrededor de la
*nuala* (o sea, la huerta) no lo explotaba. Les ordenaba al niño Dris
y a su hermano, el niño Mohamed, que trabajaran determinados
bancales que les indicaba a diario en tiempos de siembra, para
plantar casi exclusivamente habas, patatas y tomates. Como Dris
era todavía muy niño, y su hermano Mohamed más aún, y las
azadas que usaban pesaban tanto como cada uno de ellos, y ellos
(a pesar del miedo a los azotes que su padre podría propinarles)
preferían jugar a pasarse el santo día removiendo tierra, pues el
resultado no podía ser peor: las habas, como crecen fácilmente,
daban buenos frutos, muy sabrosos cuando estaban tiernecitos,
pero los tomates y las patatas, que necesitan cuidados mucho más
importantes y asiduos, no les daban gran cosa.

Paquita, por su parte, y a partir del momento en que empezó a escasear el dinero, plantaba por su cuenta ajos en pequeñas
superficies, perejil y culantro; criaba gallinas y conejos; cosía,
lavaba y planchaba la ropa de toda la familia; remendaba todo lo
que había que remendar; cocía con la leña que le traían sus hijos
e hijas del monte; barría y limpiaba; cuidaba de sus dos hijos e
hijas, después de sus tres hijos e hijas, después de sus cuatro hijos
e hijas; se ocupaba de sus animales; a veces, ayudaba a Dris y a
Mohamed a terminar de remover a azadazos el pedazo de tierra
diario; preparaba las comidas para todos; les contaba cuentos a
sus retoños antes de que se fueran a la cama…

Paquita se afanaba todo lo que podía y algo más, pero
sus denodados esfuerzos en la esfera doméstica no aportaban

DRIS BOUISSEF-REKAB LUQUE

beneficios pecuniarios, cuando el dinero era la necesidad más acuciante en casa.

Estas opiniones del viejo Dris sobre su padre y su madre correspondían ya, evidentemente, a las que él se había forjado a partir de vivencias, acontecimientos y experiencias que había conocido. Eran muy favorables a Paquita, su madre, pero tenía como cierta culpa por la impresión de dureza y severidad que sus palabras y juicios vertían sobre Mohamed, su padre.

Veamos primero lo relativo al padre. Mohamed fue el principal responsable de la ruina material que se le vino encima a la familia, porque no aprovechó los recursos de los que disponía. Ya se ha visto que al hombre le gustaba la buena vida en la ciudad. Su amor a esa buena vida era inversamente proporcional a su odio no al campo, sino al trabajo en el campo. Era un señor campechano al que le encantaba estar con amigos hablando y riendo. El esfuerzo físico le aplastaba la voluntad, le aniquilaba las ganas de actuar, hacer, realizar… Por lo demás, Dris se acordaba de que su padre era un amigo fiel, un compañero agradable y simpático, un ser sensible, cariñoso y generoso cuando estaba de buen humor, un hombre muy conocido y estimado por mucha gente en Tetuán, tanto por musulmanes como por cristianos y judíos, porque, al haber sido jugador del Atlético de Tetuán en los años treinta del siglo veinte, era bastante popular. En resumidas cuentas, era un buen hombre y un hombre bueno.

Entonces ¿cuál fue su culpa, si se puede hablar de culpa en lo que fue una muy mala gestión? O digámoslo de otra manera, ¿cuál fue su gran problema, además, claro, de no ser para nada un hombre del campo?

Dris pensaba en su fuero interno que ni siquiera fue un error por parte de su padre. Fue la imposibilidad de hacer frente a una situación demasiado potente para sus pocas fuerzas. Se vio asediado por toda una institución, todo un aparato judicial tradicional decidido a arrebatarle una parte de sus bienes, obligándolo a defenderse pagando durante años a un abogado, que, por cierto, resultó ser un ladrón. Esta permanente preocupación, esta insidiosa angustia, añadida al horror que le tenía al trabajo agrícola (a todo lo manual, en general), añadida a su amor por las cosas bonitas y agradables de la vida, y añadido todo lo anterior a los traicioneros golpes bajos de El-Ghomari y de su poderoso e interesadísimo mentor Rezini, provocaron su inexorable declive y su caída final.

Veamos ahora lo relativo a Paquita. Un día, hablando el viejo con su hermana Asusa[9], esta le dijo que la descripción de la madre de ambos en *A la sombra de Lala Chafia* no era muy exacta. «¿Cómo que no era muy exacta?», se extrañó él. Entonces ella le explicó que su madre era muy severa con sus dos hijas, que las obligaba a hacer todas las tareas de la casa, que no las dejaba salir a pasear con otras jóvenes al Ensanche cuando se fueron a vivir al Barrio, que sólo salían para hacer las compras…

—Bueno, vale, pero mamá también trabajaba, ¿no?

—No mucho. A ella le encantaba coser y se pasaba el tiempo cosiendo. «Vaya», se dijo Dris.

Después, reflexionando solo sobre esta cuestión, llegó a la conclusión de que ni él ni sus hermanos varones se habían dado

---

[9] El nombre oficial de la hermana de Dris es Aïsha (diminutivo Ashusha), pero en su familia cristiana todos la llamaban Asusa o Susi.

cuenta de esa severidad materna, porque salían cuando les daba la gana y se pasaban un tiempo infinito en la calle. Doble vara de medir: libertad para los chicos, reclusión (o casi) para las chicas. Y es que Paquita, hasta los años ochenta del siglo veinte, siguió siendo una señora para quien la educación de las chicas consistía, ante todo, en enseñarles las tareas del hogar, ya que su inevitable destino era el matrimonio (o vestir santos, que cualquiera sabe lo que es peor).

Volvamos ahora al momento en que la economía familiar quedó hecha añicos. En ese tiempo (durante por lo menos tres años), viendo que el barco en el que intentaban navegar todos se iba a pique, Mohamed buscó con desesperación un trabajo en la administración. Sin éxito, naturalmente, porque la administración del protectorado tenía buena memoria y no olvidaba que Mohamed había insultado a un superior, a la madre de un superior y al mismísimo Dios todopoderoso.

Hasta que al final —fue, sin duda, por 1952— encontró algo. Paquita decía una frase muy sabia, muy católica española y sacada de la mismísima experiencia vital: «*Dios aprieta, pero no ahoga*». Eso fue seguramente lo que ocurrió, pero el caso es que la propia Paquita tuvo un papel relevante en el asunto, porque fue ella la que entregó la carta suplicatoria al alto comisario español en Marruecos. Tenían la suerte de que su *nuala* estaba situada a un kilómetro escaso de la bonita residencia secundaria del máximo mandamás del protectorado. Su excelencia pasaba muchos fines de semana en esa residencia, a la que iba precedido por un enjambre de motoristas envueltos en su retumbante ruido. Los lunes (si no era día festivo) la vuelta a Tetuán se efectuaba de la misma manera: primero, los motoristas y, después, los coches oficiales.

Un lunes por la mañana, Paquita se puso sus mejores atuendos, se peinó cuidadosamente y se fue por donde quedaba la residencia (se llevó a Dris con ella, sin él tener ni idea de lo que iban a hacer). La gran puerta de entrada y salida de la residencia, evidentemente cerrada en ese momento, daba directamente a la carretera Tetuán-Ceuta. Paquita pasó delante, la dejó atrás, se instaló unos cincuenta metros más lejos, más o menos escondida, y aguardó con paciencia, pero muy nerviosa. El pequeño morito seguía con ella, bastante intimidado, sin saber qué estaban haciendo en ese sitio.

Cuando aparecieron los motoristas con sus ruidosos aparatos y torcieron a la derecha en dirección a Tetuán, ella, con el corazón en un puño y temblores en todo el cuerpo, se plantó como pudo en mitad de la carretera, enarbolando en su mano derecha, como una diminuta bandera en son de paz, el sobre blanco en el que iba la carta. Pero… ¿qué coño estaba pasando? Alerta máxima, el primer motorista frenó y se quedó parado un momento muy breve, otros detrás pararon y desenfundaron. Pero pronto todos se dieron cuenta de que no era una mora, mucho menos un moro, que no había bicho viviente en las inmediaciones, aparte de esa mujer, por lo que el motorista jefe arrancó hacia ella y esta le alargó el sobre, rogando que lo entregara a su excelencia. El motorista le quitó el sobre de la mano casi sin pararse, dijo lo que le pareció a Paquita que era un sí, que lo entregaría, le ordenó perentoriamente que se apartara y cuando ella se quitó de en medio, hizo a sus compañeros la señal de que podían seguir adelante y salió pitando.

Todos, motoristas y coches, pasaron por delante de Paquita y su hijo como una exhalación. Ella se quedó un ratito mirando, con lágrimas en los ojos, cómo se alejaba el zumbido de sus motores.

Después se volvió a la *nuala*, rogando a Dios que se apiadaran de ellos las autoridades, que les ablandara el corazón y le dieran un trabajo a Mohamed.

Su excelencia el alto comisario podía haber castigado a esa mujer por haber entorpecido la marcha de su comitiva, pero no lo hizo. Al contrario, le dio un trabajo al marido, que era, al fin y al cabo, el esposo de una española y porque, a lo mejor, tenía buen corazón la máxima autoridad del protectorado[10]. El hecho es que Mohamed recibió algún tiempo después una notificación de que debía presentarse en un lejano poblado para empezar su trabajo de... ¿de qué? Pues de intérprete, que era lo suyo, pero no en Tetuán, sino en esa intervención llamada El-Yebha[11] que, más tarde, cuando Marruecos recuperó lo que parecía que era su independencia, se transformó en caidato[12].

El poblado se encontraba a unos ciento cincuenta kilómetros de Tetuán bordeando la costa mediterránea, pero por la costa no llegaba a él ni carretera ni pista. Había que pasar por Chauen y Ketama, lo que representaba el triple de la distancia y un tiempo infinito (unas diez horas de ruta) para hacer el recorrido por una malísima carretera de miles de curvas peligrosas. Además, las comunicaciones eran rarísimas, en autocares renqueantes y lentos que no llevaban directamente de Tetuán a El-Yebha. Mohamed,

---

[10]  El alto comisario en esa época era Rafael García Valiño (1898-1972), uno de los militares africanistas más relevantes y partidario absoluto de la dictadura franquista.

[11]  Los españoles le habían puesto el nombre de Puerto Capaz.

[12]  Caidato: a nivel civil, es un eslabón intermedio de la cadena jerárquica del Ministerio de Interior, que controla los poblados en el campo y los barrios (o distritos) en las ciudades. El jefe supremo es el caíd, cuyo rango equivale al de un teniente de la policía. Estos caidatos, en el campo, son herederos directos de lo que fueron las intervenciones del protectorado español.

por lo tanto, visitaba a su familia muy de tarde en tarde, pero le enviaba dinero a Paquita con personas que hacían el viaje.

Un tiempo después, en mayo de 1954, lo trasladaron a Buhamed. Este nuevo destino estaba más cerca de Tetuán, pero la carretera, malísima, sólo hacía la mitad del camino. El resto era una peligrosa y penosa pista.

Paquita y su hijo Dris, cuando evocaban esos tiempos y sobre todo la terrible aventura que fue la entrega de la carta, se lo pasaban muy agradablemente recordando que él, de pequeño, le preguntaba constantemente por qué el alto comisario iba siempre acompañado por motoristas y ella le decía que para que no lo mataran y él repreguntaba que por qué querían matarlo y ella ya no tenía argumentos para explicar el asunto a su hijo que era todavía muy chiquitín, y mentía asegurando que no lo sabía o que ya se enteraría él cuando fuese mayor.

—Es que yo no podía decirte que muchos moros estaban en contra del protectorado español, hijo. Eras demasiado pequeño para asimilar esas cosas, y yo era española…

—Y lo sigues siendo.

—Pues claro, faltaría más…

—Pero ¿tú estabas a favor o en contra del protectorado?

—Ay, hijo, de verdad que no lo sé, porque en mi casa nunca se hizo política, pero a mí el franquismo es que me daba un miedo que me ponía a temblar nada más que de pensar lo que podía pasarme.

—¿Y qué suponías que podía pasarte?

—Pues que me llevaran a la cárcel o, peor, que me subieran a la Torreta y me fusilaran. Así que me callaba la boca, que en boca cerrada no entran moscas.

—Pero…, a ver, mamá, los franquistas ya no mataban a la gente así como así en la década de 1950.

—Pues no lo sé, pero yo no puedo olvidar que en julio de 1936 detuvieron a varios hombres del Barrio, viejos y jóvenes, se los llevaron a la Torreta y, sin más, los fusilaron[13]. Y en Larache también fusilaron a unos cuantos, y en Alcazarquivir, donde vivía Antonio, que era socialista y no se lo llevaron, según cuenta él mismo, porque se escondió en un pueblecito de moros. Él hablaba árabe como cualquier marroquí, así que se quedó escondido entre los moros de allí, que lo conocían y lo querían.

Sentado en su poyo frente al mar y a las costas gaditanas, Dris rememoraba esas conversaciones y pensaba en la terrible experiencia que supuso para España y los españoles la guerra civil. También en la participación de tantos miles de moros que no murieron o murieron por una causa —la sangrienta dictadura franquista— que no era la suya. ¿Por qué le entristece tanto recordar la guerra civil de España y sus atrocidades? ¿Por qué se le encoge el corazón, lo cubre una honda pena y lo invade un desconsuelo infinito? La verdad, no lo sabía muy bien. Pensaba que, a lo mejor, era la manera hipócrita y mentirosa con la que engañaron a esos pobres moros, asegurándoles que iban a una

[13]    En un libro sobre ese momento histórico (escrito en español), se indica que «entre los papeles personales del coronel Beigbeder, el número de los elementos republicanos, izquierdistas, sindicalistas o masones detenidos y ejecutados ese día 17 [julio de 1936] en las distintas ciudades y núcleos urbanos de la Zona se presentaba como sigue: 13 en Melilla, 17 en Tetuán, 12 en Ceuta y otros tantos en Arcila, 18 en Larache y otros tantos en Chauen y Alcazarquivir…». Ver Mohammad Ibn Azzuz Hakim: La actitud de los moros ante el alzamiento. Editorial Algazara, Málaga, 1997, p. 28. También se puede consultar con sumo provecho la separata titulada La represión contra la población civil del protectorado español en Marruecos, por Rocío Velasco de Castro (ver Hispania Nova, Revista de Historia Contemporánea, número 10, año 2012)

yihad, una guerra santa contra los infieles que querían hacer de Marruecos un país de infieles, y porque los utilizaron como chivos expiatorios de sus crueldades, de sus asesinatos, de sus violaciones... A los moros no se los llevaron sólo para enfrentarse a un ejército, que también, evidentemente, sino para hacer además un trabajo sucio específico que consistía en difundir el terror más horrible y abyecto entre la población civil, asesinando, violando y robando a personas indefensas. Era tan fácil explicar después que eran «hordas salvajes»... Por definición, eso era un moro: un salvaje, y muchos moros juntos sólo podían ser eso: hordas salvajes. La pobre población civil española víctima de esas barbaridades sólo veía eso: eran soldados moros los que llevaban a cabo esas bestiales acciones, sobre todo inmediatamente después de ganar una batalla. ¿Cómo explicarle a esa población civil sin armas que esos moros estaban en un ejército y que obedecían órdenes de oficiales y suboficiales españoles? ¿O de oficiales y suboficiales moros (muy minoritarios) que eran más franquistas que Franco? ¿Que los verdaderos responsables (aunque indirectos) de esas atrocidades eran esos oficiales y suboficiales franquistas, porque eran los que las permitían y hasta impulsaban a que tuviesen lugar?

Los franquistas tenían, además, otros fines en esa utilización de los soldados moros: reforzar la idea de que los moros eran efectivamente salvajes y bestiales, e imprimir con sangre española inocente en las mentes de la población civil española la idea de la necesidad de «civilizarlos», por lo tanto, la necesidad del protectorado.

Y le duele al viejo Dris que ni las derechas democráticas ni las izquierdas democráticas en España (salvo pequeñas excepciones generalmente individuales, hasta donde él sabe) hayan reconocido esa deleznable utilización política e ideológica por los franquistas. Y le duele sobre todo que las izquierdas hayan sido incapaces de ver esa utilización, que no la reconozcan y la condenen. Y si la han visto, le duele que lo silencien y no lo declaren a voz en grito. ¿O piensan, quizás, los partidos políticos y los militantes que el pueblo marroquí fue y sigue siendo un conjunto de hordas salvajes?

Y sí, hay todavía otro punto que le duele al viejo Dris: son los posicionamientos de las democracias europeas de aquel entonces, en particular Francia y Reino Unido, las más cercanas y, posiblemente, las más interesadas, y los Estados Unidos, la más lejana y, posiblemente, la más vigilante. Todas esas democracias dejaron a Hitler y Mussolini masacrar a la población española con aviones y bombas y tanques, y después se hicieron amigos del dictador Franco y de su régimen dictatorial. Ese tipo de «democracias» prefirió la dictadura franquista a una democracia en España. Porque la democracia española era, sencillamente, más avanzada, más social, más justa que las de ellas.

Existe otro asunto relacionado que no es que le duela, pero sí le fastidia bastante, y es que a estas alturas, y con todas las evidencias habidas y por haber, haya puntos de vista que equiparan a derechas e izquierdas políticas en cuanto a responsabilidades sobre el estallido de esa guerra civil en esos momentos históricos. No fueron las mismas responsabilidades: si todos los partidos y todos los militares hubiesen aplicado las leyes democráticas vigentes y si una parte del Ejército, apoyado por las derechas, no se hubiese alzado ilegalmente en armas contra la República, la guerra civil no hubiese existido. La guerra civil la provocaron las derechas, militares y civiles, con la complicidad activa y la bendición de la jerarquía eclesiástica española, y es una responsabilidad histórica imperdonable mientras no la reconozcan y asuman dicha responsabilidad.

La vil hipocresía de muchos políticos, quizás demasiados, y sus comportamientos, tendentes a anteponer los intereses materiales (muy a menudo personales) a los humanos y a todos los derechos sociales, es una de las razones profundas que lo llevaron a detestar la acción en el seno de un partido político. Pero eso no significa que él ya no haga política, que ya no se decante por uno u otro bando. Lo sigue haciendo, pero a nivel individual, en su nombre y nunca en el de un colectivo, cualquiera que sea.

Y el viejo Dris dejaba deambular su imaginación y vagar su reflexión. «Las guerras son horribles», pensaba. En las guerras, el hombre ya no es hombre, el hombre pierde casi en totalidad su humanidad. Pierde su raciocinio, su objetividad, su bondad. Y gana en ferocidad, en odio, en crueldad, en irracionalidad: ya sólo sabe afilar garras para matar y no morir. Las guerras sólo traen destrucción y muerte, pobreza y tristeza.

Un poeta español, uno de los más hondos para el viejo Dris, dice en un poemita sobre las guerras:

«*Tristes guerras*
*si no es amor la empresa.*
*Tristes. Tristes.*
*Tristes armas*
*si no son las palabras.*
*Tristes. Tristes.*
*Tristes hombres*
*si no mueren de amores.*
*Tristes. Tristes[14]*».

---

[14]   Miguel Hernández: *Antología poética*. Editorial Espasa Calpe, Madrid, 2009, p. 242. Miguel Hernández murió enfermo de tuberculosis en una cárcel franquista, en 1942.

Miguel Hernández, Antonio Machado, Miguel de Unamuno y tantos miles de hombres y mujeres españoles lo perdieron todo. ¿Qué sentido tiene la vida en una guerra, si la guerra es la antivida por excelencia?

Es evidente que siempre hay responsabilidades en toda guerra, pero también lo es que toda la humanidad pierde en una guerra. De ahí, quizás, la tristeza y el desconsuelo del viejo Dris cuando pensaba en una tan cruel como la civil española, que él siente tan cercana.

Después volvía con su mente a esa época en que le dieron a Mohamed, su padre, un puestecito en la intervención de El-Yebha y se decía a sí mismo que ese hecho representó el principio de un cambio radical en el devenir de todos los miembros de la familia.

Porque, en efecto, algo magnífico sucedió unos dos o tres años después de ser admitido Mohamed en su nuevo trabajo administrativo, y es que Paquita logró realizar su sueño, un indeleble deseo de muchos años, a saber: matricular a sus tres hijos y a sus dos hijas en escuelas. Ese sueño no satisfecho hasta entonces había sido una insondable pena para ella, porque veía con angustia que los años pasaban y sus pequeños iban camino de ser unos puros analfabetos, algo así como los patanes del Barrio o como los moros de los alrededores, más analfabetos que los burros que montaban.

En 1954, Amina tenía diez años, Dris nueve, Ashusha ocho, Mohamed siete. Además, Dris y Mohamed apenas habían dejado de ser pastores, porque ya no quedaban animales que llevar al monte o a la llanura. Paquita aprovechó la nueva situación: como su marido le enviaba algo de dinero, empezó a ahorrar con la sana intención de llevar a sus retoños a la escuela a que supieran, como mínimo, leer y escribir, que tuvieran en sus cabezas algo de cultura y que aprendieran algún oficio que les diera de comer. Lo consiguió, pero no fue tan fácil.

Paquita era una mujer que adoraba el campo y la vida en el campo. Ella, en la *nuala* de la huerta, hubiera vivido la mar de feliz de no ser por la miseria que tuvieron que sufrir. De hecho, los primeros años allí fueron de los mejores de su vida, más o menos de 1947 a 1951, pero después todo empezó a ir mal. ¿Quién hacía las necesarias compras para comer, vestirse, calzarse…? Primero Mohamed, después los hijos, cuando tuvieron edad para hacerlo, a pesar de ser muy chiquitines. De modo que ella a la ciudad no iba para nada, y ni falta que le hacía. Era feliz en su casa, ocupándose de sus asuntos domésticos con la ayuda de una joven rifeña que el marido le había traído como sirvienta esos primeros tiempos de bonanza.

Entre la fecha en que se puso a trabajar Mohamed y septiembre de 1954, ella había ahorrado suficiente dinero para que todos sus hijos pudieran ir a la escuela. Pero eran nada más y nada menos que cinco entre chavales y chavalas. ¿Quién los iba a matricular a todos y dónde? Ella sólo conocía las escuelas e institutos del Ensanche, exclusivamente para españoles, y a sus hijos, con los nombres de moros que llevaban, era prácticamente imposible que los aceptaran. Además, con lo mayores que eran ya, menos Ahmed, el benjamín en ese momento… Había, pues, que llevarlos a escuelas moras, a ver si allí los aceptaban, porque, la verdad, Amina con diez años y Dris con nueve… Bueno, ¿y quién los iba a llevar? Ella no conocía ninguna escuela mora y no sabría por dónde empezar. Estaba ante un muro infranqueable.

Pero Paquita no se rendía fácilmente y pensó en el señor Ahmed Idrissi. Este, aparte de ser un gran amigo de Mohamed,

DRIS BOUISSEF-REKAB LUQUE

era el padre de Um Keltum y de Abdelkader, una niña de la edad de Amina y un niño de la edad de Dris, los cuales ya habían sido escolarizados anteriormente, pero su padre los había sacado, porque no tenía para comprarles ropa, ni zapatos, ni calcetines… Por cierto, el señor Idrissi, su esposa Lala Fatima y sus hijos vivían gratuitamente en una barraca situada cerca de la *nuala* y recuperada después de haber ganado Mohamed esa parte de su pleito contra El-Ghomari. Como el señor Ahmed Idrissi era tetuaní castizo, hablaba muy bien español y conocía a la perfección la ciudad y sus escuelas, le propuso Paquita un acuerdo: ella pondría el dinero suficiente para comprarles todo lo necesario a los siete chicos y chicas que había que matricular y él los matricularía a todos. Trato hecho.

Dris no recordaba si se fueron todos en la guagua a Tetuán el 1 de octubre de 1954. Pero a los siete se los llevó ese día el señor Idrissi, el cual empezó con las tres chicas, a las que aceptaron sin problemas en la escuela Cherti, que era sólo para niñas moritas y estaba situada en plena morería. Después se fue con los cuatro mozalbetes a dos escuelas, sucesivamente. Eran las dos únicas escuelas públicas hispano-marroquíes (para moritos, pues) y estaban muy bien consideradas en la ciudad. Muchos hijos (que no hijas) de familias tetuaníes pudientes iban a esas dos escuelas públicas, porque las dos privadas que existían entonces (una para chicos y otra para chicas) no eran muy grandes. No los aceptaron ni en la primera ni en la segunda. A ninguno de ellos. Pero dicen que a la tercera va la vencida. La tercera escuela se llamaba entonces Escuela Mixta franco-marroquí. Pero todo el mundo la llamaba *Madrasat-Chrichar*, Escuela Chrichar. A saber qué significaba eso de Chrichar… Se encontraba en una especie de enorme casa señorial situada en la morería, al final del casco antiguo, en la calle intramuros que va de la Puerta de la Reina a la puerta Bab Saïda. Allí sí los aceptaron inmediatamente. El director, *messiu* Dufour, los recibió con los brazos abiertos y una amplia sonrisa. ¡Y hablando árabe marroquí con el señor Idrissi!

Al más pequeño, Ahmed, lo pusieron en el curso que le correspondía, mientras que a Abdelkader, Mohamed y Dris los pusieron en un nivel superior, haciéndoles escalar cursos para recuperar, en la medida de lo posible, los años perdidos.

Ese primer día —porque los llevaron inmediatamente a su clase—, Dris se encontró en una sala amplia, sentado en un pupitre cerca de un muchacho visiblemente de bastante más edad. Algo intimidado, se quedó en silencio mirando a izquierda y derecha, a la espera de lo que iba a pasar, porque él no sabía en absoluto cómo era una escuela, ni una clase, ni lo que allí se hacía exactamente. Y constató que había un joven señor que les decía a los chiquillos frases que él no entendía. El joven señor las hacía repetir a algunos niños, pero ni así se enteraba Dris de lo que decían. Entonces, después de un ratito, y constatando que muchos hablaban en voz baja y a escondidas, le preguntó quedamente al que estaba sentado cerca de él:

—Oye..., ¿qué es eso?

El chaval, mirando por encima del hombro al novato, respondió con suficiencia:

—¡Es francés, amigo mío!

Y así supo el nuevo alumno que, además del árabe marroquí y del español, existía otra lengua llamada «francés».

Muy pronto fue uno de los mejores de su clase en esa nueva lengua. Tanto es así (y siempre por culpa de su avanzada

edad), que le hicieron ganar otro nivel y pasó directamente al
«primer año del curso medio», saltándose el «segundo año del
curso elemental».

En ese «primer año del curso medio», empezó teniendo un
grave problema, y es que de la lengua árabe no se sabía ni la jota.
Nada de nada. De modo que muy bien con su nuevo maestro
de francés, el señor Larbi Uriaghli, pero fatal (los tres o cuatro
primeros días) con el de árabe, el señor Akhrif.

Resulta que en su primer año de escuela tuvo un buen
maestro de francés (*messiu* Claude Vasse), pero un nulo maestro de
árabe. En realidad, ni era maestro, ya que las autoridades francesas
en la parte de Marruecos ocupada por Francia y las autoridades
españolas en la parte ocupada por España se pusieron a escolarizar a muchos niños marroquíes, intentando frenar (con esa y
otras medidas demasiado tardías) el movimiento de lucha por la
independencia. Y, como no había suficientes maestros, llamaron
a numerosos maestros de escuelas coránicas tradicionales, que
tenían técnicas pedagógicas precisas en su modelo de enseñanza
de la palabra divina coránica, pero ninguna en la modalidad más
moderna de enseñanza del árabe clásico, de su gramática y de su
vocabulario. Ese señor (Dris no recordaba su nombre) se limitaba
a hacer repetir a sus alumnos versículos coránicos. Punto final.
Ni las letras, ni la escritura, ni nada. Papagayos parlantes, porque
lo que aprendían ni sabían los alumnos qué significaba.

Así que Dris, en ese su segundo año de escuela, se encontró en
una situación contradictoria: muy bueno en francés y totalmente
nulo en árabe. Resultó que su nuevo maestro de árabe era de
una rectitud impecable y, quizás, cabría decir también implacable.
El señor Akhrif atesoraba conceptos pedagógicos a lo medieval.

El primer día les dijo que compraran la asura *La Creación*[15] y se aprendieran de memoria, para el siguiente día, las tres o cuatro primeras líneas. Dris compró el librito yendo con otros chicos a una librería, pero después, en casa, no supo leer nada de nada. Le pidió a su hermana Amina que lo ayudara, porque ella ya sabía leer muy bien en árabe y en español (en su escuela impartían español, no francés). Pero su hermana lo mandó a paseo:

—¿Y qué has hecho tú el año pasado, se puede saber?

Al día siguiente, el maestro empezó con el Corán y ordenó a todos que recitaran varias veces, colectivamente, mientras él iba vigilando los movimientos de los labios. Así atrapó a varios que no se habían aprendido el trocito coránico, entre ellos a Dris. Y empezó el castigo: golpes sobre los dedos unidos de la mano derecha, con una regla plana pero durísima. El dolor era tremendo. Dris pidió clemencia repetidas veces. Inútilmente. Los golpes continuaban. El dolor aumentaba con cada golpe. Sus dedos empezaron a sangrar y gritó, desesperado:

—¡Le juro por Alá que no volveré a hacerlo!

Pararon inmediatamente los golpes y el señor Akhrif le dijo muy severo:

—Muy bien, ya veremos mañana si haces honor a tu juramento. Pero no olvides que mañana tendrás que recitarme el trozo de hoy y otro que os voy a dar.

El pobre decía que sí a todo, juraba que sí, que lo haría, preguntándose con angustia cómo iba a poder cumplir su palabra.

---

[15] Julio Cortés titula esta asura *El Dominio* en su traducción del Corán (Editorial Herder, Barcelona, 1992). El viejo Dris piensa que la palabra *La Creación* es más correcta en este contexto.

Esa tarde, en casa, le mostró a su hermana mayor los dedos morados de su mano derecha y, entonces, Amina sí tuvo lástima de él. Se sentó a su lado y se puso a leer los trozos coránicos, a enseñarle a escribir las letras y a aprender de memoria el conjunto, haciéndoselo repetir.

El día siguiente fue maravilloso, porque no hubo golpes y sí felicitaciones. El morito se había transformado en un chico que le temía a su todopoderoso creador y cumplía lo prometido: era un buen musulmán. Lo que sí es verdad es que de esa manera aprendió, en una sola tarde, a escribir un poco y a leer otro poco en árabe. Pasó a ser uno de los primeros de su clase tanto en la lengua de Molière como en la del profeta de los musulmanes.

Hay que reconocer, en honor a la verdad, que a pesar de su severidad y de ese concepto pedagógico teorizado en España en cierta lejana época con la terrible frase «la letra con sangre entra», el señor Akhrif era un excelente maestro. Los limitados conocimientos gramaticales en árabe clásico de Dris y su dominio de la ortografía se los debía a ese maestro, que explicaba divinamente bien las complejidades de esa lengua.

Lo que constataba igualmente Dris es que de los versículos coránicos no le quedaba nada. Mentira: le quedaba un trocito de ese primer trocito a causa del cual recibió el castigo.

Obtuvo su Certificado de Estudios Primarios en junio de 1959. Era su primer diploma, que en aquel entonces daba incluso para hacer magisterio y ser maestro. Pero el muchacho no se paró en ese nivel; él y sus hermanos continuaron sus estudios. Y esa vez sí, tanto Mohamed padre como Paquita los animaban a que siguieran esforzándose, a que fueran buenos estudiantes.

Las dos chicas, por su parte, habían decidido salirse de la escuela, primero Amina y después Asusa. Y que sepa Dris, ni Paquita ni Mohamed pusieron impedimentos a esa decisión. Pensaron sin duda que, con saber leer un poco y escribir otro poco, ya era suficiente para ellas, dos chicas ya adolescentes o a las puertas de la adolescencia y que muy pronto, *insha'Allah,* y si Dios quiere, se iban a casar.

En cualquier caso, el trabajo de Mohamed fue un acontecimiento cuyo alcance los chavales y las chavalas no podían calibrar, tanto por su tierna edad como por la espesa costra de ignorancia que llevaban encima. Incluso Paquita no podía vislumbrar lo que aquello iba a representar para el futuro de toda la familia, porque no era ninguna pitonisa y porque ella se limitaba a vivir (o quizás sólo a existir) de un día para otro. Ella imaginaba para sus hijos un oficio decente como carpintero o mecánico o empleado de banco como su hermano Eduardo. Lo único importante en esos momentos —un alivio infinito— era que sus retoños estaban aprendiendo cosas en sus respectivas escuelas y que no iban a ser unos puros patanes como algunos que vivían en el Barrio y muchos moros ignorantes que ella conocía.

# Capítulo II

# APRENDIENDO A VIVIR
# EN EL BARRIO MÁLAGA

La mudanza de la *nuala* a la casa del Barrio Málaga y la marcha de Paquita a Buhamed ocurrieron en el mismo periodo, entre julio de 1959 y finales de ese mismo año.

La mudanza se debió a que, aprovechando las facilidades y ayudas otorgadas por el régimen dictatorial de Franco para la repatriación, un gran número de españoles fueron yéndose e instalándose en las principales ciudades de su país. Fue casi una desbandada, pues en unos tres años, de 1959 a 1962, ya se habían marchado muchísimos habitantes de la barriada y los habían sustituido familias moras. La abuela Josefa se fue a Valencia en 1959 con su hijo menor, Eduardo, que era empleado de banco y se acababa de casar. Y Paquita y familia tuvieron la suerte de heredar la casa del Barrio, que tenía cuatro habitaciones (incluido el comedor), una cocina minúscula, un patio minúsculo y un váter minúsculo. Allí se apiñaron, pero estaban mejor que en las dos habitaciones de la *nuala,* que no tenía luz eléctrica, ni agua corriente, ni váter. Esto, además de que los centros escolares se encontraban evidentemente mucho más cerca.

Los nuevos derroteros urbanos, sin el marido en casa, con los niños y las niñas fuera una buena parte de cada día (las niñas hasta que se salieron de la escuela), con los gastos para comida, ropa, cuadernos, lápices, etc. fueron más bien difíciles.

La primera razón es que había poco dinero. Nadie supo nunca si Mohamed habría podido enviar más parné o no, pero el hecho era que Paquita se las veía y deseaba para que sus pequeños y pequeñas comieran convenientemente y estuvieran decentemente acicalados y vestidos: les mandaba comprar o se compraban ellos mismos sus sandalias de goma, les hacía o les remendaba sus pantalones y sus vestidos y faldas de tela de mala calidad, pero siempre limpios, traía camisas y jerséis sólo Dios sabía de dónde… Abrigos no tenían.

La segunda razón era que Paquita y Mohamed estaban lejos la una del otro (y el otro de la una, claro). Todo el mundo sabe que la ausencia y la lejanía de dos personas que se quieren suelen tener consecuencias negativas. Y, en este caso, las tuvieron, y bien gordas.

Bastante antes de que Paquita y sus hijos e hijas se trasladasen al Barrio Málaga, El-Ghomari, el gran enemigo de toda la vida, cada vez que se cruzaba con alguno de los chicos o alguna de las chicas les decía:

—Oye, que tu padre se ha casado con otra mujer, ¿eh?

Que recuerde Dris, ninguno de los chicos le transmitió a Paquita lo que pensaban que era un simple rumor o una malévola intención. Pero Amina sí lo hizo. La primogénita ya sabía (seguramente) algo de esas cosas de las relaciones hombre-mujer y le fue con el cuento a su madre, impelida también (seguramente) por algún sentimiento femenino solidario.

Dris nunca se atrevió a preguntarle a su madre si algún día, alguna noche, algún ínfimo instante durante esa larga ausencia del marido se le había pasado por la cabeza la idea de mitigar su soledad y sus frustraciones con otro hombre. De hecho, incluso si se hubiese atrevido a hacerle esa pregunta, ella habría respondido que una tentación tan nefasta e inmoral era imposible que le pudiese atravesar el cuero cabelludo, porque ella creía en la fidelidad conyugal absoluta, la aplicaba a rajatabla y jamás de los jamases hubiese podido pensar en tal fechoría. Y quizás le hubiese arreado un bofetón a su hijo por su impertinencia y poca vergüenza.

Y Mohamed, por su parte, aislado y solo durante meses y meses en esos puebluchos de mala muerte, a lo mejor se vio como sufriendo la desgracia de un inmerecido castigo y sintió (con toda certeza) irrefrenables anhelos de tener compañía. Compañía femenina, se entiende. Y resulta que en Buhamed, su nuevo destino después de El-Yebha, había un dispensario y en el dispensario había una enfermera, es decir, una mujer. Dris nunca supo si esa mujer era viuda, divorciada o soltera, pero con toda seguridad estaba libre de toda atadura a un dueño y señor.

Mohamed, por supuesto, sabía que un esposo debía serle fiel a su esposa y no ir de placer sexual con ninguna otra señora, ni libre ni con ataduras, porque hacerlo representaba un engaño infame y una despreciable vileza a la fidelidad conyugal, esa grande y noble virtud. Sin embargo, le pasó lo que les pasa a la mayoría de los hombres, que cuando las necesidades del calor y el cariño femeninos se hacen acuciantes y, además, están lejos de su otra mitad, pues aparcan las teorías morales —sobre todo, las prácticas morales— y sucumben con bastante facilidad y seguramente con mucho placer a lo que sus cuerpos demandan con toda urgencia. Exactamente por esta razón Mohamed se hizo amigo íntimo de la enfermera.

En definitiva, cuando su hija mayor la informó del supuesto matrimonio de su marido, Paquita, sin pensárselo mucho, o quizás pensándoselo mucho, se fue a Buhamed a enterarse de la verdad y a solucionar el entuerto, si lo hubiese. ¡Y claro que lo había! ¡Y claro que lo solucionó!

Mohamed intentó justificar su segundo matrimonio, alegando que precisamente un poco antes de casarse con la señora enfermera habían sido pillados por el máximo jefe del caidato en intimísima unión adúltera o, como diría el sabio diccionario de la Real Academia Española, en un «ayuntamiento carnal voluntario». Al señor caíd esa acción carnal le pareció moralmente reprobable, legalmente justiciable y administrativamente intolerable, así que le dio a su subordinado Mohamed a elegir: o se casaba con la señora enfermera para que el ayuntamiento carnal se hiciese legal y moralmente irreprochable, o le iba a hacer un expediente de los cojones. Y perdonen ustedes esta palabrota, y todas las que encuentren, pero es que el señor caíd, le aseguraba Mohamed a Paquita, estaba que trinaba, hecho una verdadera furia por esa tropelía carnal que se había cometido en su jurisdicción, que era como decir en su feudo.

A Paquita, sin embargo, nada de lo que le juró y perjuró su marido la convenció, o quizás sí, pero le daba exactamente igual; ella no estaba dispuesta a aceptar ese hecho consumado y a pasar a ser ni la segundona ni la *primerona* de una…, de una… Sí, señor, de una zorra como esa víbora. Así que ella también le dio a elegir a Mohamed: o se divorciaba de la zorra esa, o ella, Paquita, lo dejaría para siempre, con o sin separación legal.

Mohamed se tuvo que divorciar deprisa y corriendo (en realidad, fue un repudio puro y duro), porque, de lo contrario, sabía fijo que iba a perder a la mujer de su vida, la mujer que él amaba de verdad. Y, en ese caso, no solamente se iba a quedar como huérfano y abandonado, sino que, además, a ver quién se iba a hacer cargo de sus seis hijos e hijas, porque, la verdad, la enfermera no le parecía capaz de bregar con tanto chiquillo, sin contar con que la señora tampoco estaba, ni muchísimo menos, por la labor, y qué iba a ser de todos ellos…

Durante sus apacibles rememoraciones con su madre, a Dris le agradaba bastante evocar repetidas veces ese episodio de la vida de ella:

—¿Cómo te atreviste a viajar sola hasta Buhamed?

—Bueno, hijo, yo tampoco es que fuese una novata total, ya había viajado sola de Tetuán a Alcazarquivir para ver a mi hermana Rosario cuando nació Conchi, y había viajado a Ceuta con mis hermanas y algunas amigas, y había vivido en Rabat, y había trabajado muchos años en La Regia...

—Es verdad, mamá, pero el autocar en esa época llegaba hasta Ued-Lau, más allá sólo había una pista en mal estado.

—Claro, hijo, pero mira, yo ya sabía árabe y, como era española y les decía que mi marido trabajaba en el caidato, pues quien más quien menos me respetaba.

—Eso de Tetuán a Ued-Lau, ¿y después?

—En Ued-Lau encontré a gente muy amable que me puso en contacto con un hombre mayor que iba a Buhamed en su carreta, así que allá me subí y por muy poco dinero me fui con él y con un matrimonio.

—¿Y cómo fue el viaje?

—Pues cómo iba a ser, hijo, llegué completamente deslomada, no me quedaba ni un hueso sano. Y cuando tu padre me vio, ¡madre mía, la sorpresa que se llevó!

—La desagradable sorpresa, quieres decir, porque no te esperaba ni por asomo.

—Como si hubiera visto un fantasma. Claro, él lo que quería era seguir tranquilo con su enfermerita.

La aventura extramatrimonial de Mohamed acabó como el rosario de la aurora, completamente desbaratada, pero sus consecuencias siguieron manifestándose en la posterior situación y formación de los hijos e hijas.

Había habido mejoras en la situación global de la familia desde que Mohamed volvió a su puesto de intérprete, en particular la escolarización de los hijos e hijas. Hubo otra pequeña mejora cuando se mudaron al Barrio. Pero, después, hubo ese traicionero matrimonio de Mohamed, que mató por completo la confianza que Paquita tenía en él, lo que la llevó a tomar una drástica decisión que quizás fue, pensó durante mucho tiempo Dris, la peor de su vida, a pesar de que se pueda humanamente explicar. Decidió, en efecto, dejar que sus hijos e hijas se las arreglaran solos y como pudiesen en Tetuán, quedándose ella en Buhamed con Mohamed, porque se había dado cuenta y había sacado la firme convicción de que su marido era incapaz de resistir la prolongada ausencia de los ayuntamientos carnales y de que, por otra parte, muchísimas moras, por muy tapadas que tuviesen las caras, eran unas satánicas lujuriosas que andaban como perras en celo buscando maridos que robarles a las mujeres decentes casadas como Dios manda.

Eran, pues, cuatro hermanos y dos hermanas viviendo sin la presencia del padre y de la madre. Estaba Amina, la primogénita, con quince preciosas primaveras, en plena adolescencia y seguramente con muchas ansias libidinosas (dicho esto y escrito sin el menor matiz peyorativo); el siguiente era el jovencísimo morito Dris, con catorce años, a las puertas de la adolescencia y también con bastantes y sanas ansias libidinosas; venía después Asusa, quien con sus trece añitos (tan preciosos como los quince de su hermana mayor) era una jovencita que, en otras partes de

Marruecos, la habrían casado ya; seguía Mohamed en cuarto lugar, que con sus apenas doce años quería hacer y hacía casi todo lo que hacía su hermano mayor, y quizás más cosas que sólo él conoce; Ahmed, el quinto, con unos nueve o diez años, y Selam, el sexto y último, con unos tiernos seis otoños. Eran todavía demasiado niños, lo que no les impidió querer seguir los caminos de sus mayores varones.

Los seis solitos en su casa del Barrio. De los seis, las chicas eran las que más trabajaban, por no decir la verdad: que eran las únicas que trabajaban. Los seis tenían perfectamente asimilado y asumido que a las hembras les correspondía —porque era su obligación— bregar con las tareas domésticas, mientras que la obligación de los machos era… ¿cuál? La verdad es que no estaba muy claro cuál era su obligación. A lo mejor ni siquiera tenían obligaciones, salvo quizás trabajar fuera de casa y traer dinero, pero como todos ellos eran demasiado jóvenes, pues nada, no había nada que hacer. Así que el resultado era que Amina y Asusa se pasaban todos los santos días en casa trajinando sin fin y Dris y Mohamed, excepto el tiempo pasado en clase, alegrándose el corazón y los sentimientos por aquellas calles de Dios. También salían los dos más pequeños, pero al menos los primeros tiempos no se iban muy lejos.

*La única foto de Paquita (de pie, en el centro) con sus seis hijos e hijas, en julio de 1969.*

En casa, las chicas lavaban su ropa y las de sus cuatro hermanos, lo cual no era moco de pavo, ya que todo se hacía a mano:
planchaban todo lo que había que planchar, barrían y fregaban
cada día el suelo de todas las habitaciones, lavaban platos, cucharas,
vasos, tenedores, cacerolas y demás utensilios de los desayunos,
almuerzos y cenas, remendaban las prendas rotas, preparaban las
comidas, etc. Con tanta tarea diaria, salían poquísimo de casa: lo
hacían para ir de compras al mercado del Barrio o a algunas tiendas cercanas, para charlar con algunas vecinas de vez en cuando,
y poca cosa más. Es decir, eran unas verdaderas amas de casa y, a
pesar de su corta edad, cumplían con su función a la perfección.
Lo hacían porque eran serias y porque pensaban a la antigua,
según las maneras apabullantemente mayoritarias de esa época,

a saber que ellas, por ser niñas y no niños, eran responsables del confort de sus hermanos varones. Esa responsabilidad, inculcada por Paquita, la mentalidad y las prácticas existentes, la aplicaban impecablemente.

¿Qué hubiera sido de los cuatro hermanos sin sus abnegadas dos hermanas? Sencillamente no habrían podido subsistir tan bien como lo hicieron, acostumbrados que estaban a ir al cole por las mañanas después de tomarse el desayuno preparado por ellas, acostumbrados a encontrar siempre sus comidas cocinadas por ellas, acostumbrados a volver a casa muy tarde la mayoría de las veces y a dormir en sus camas hechas por ellas, acostumbrados a salir a jugar cuando les daba la gana… Ellos pensaban que era obligación de Amina y Asusa reventarse trabajando para que ellos pudiesen disfrutar de sus juegos fuera de casa, de sus descansos dentro de casa, de sus tranquilas comidas y de sus tiernos sueños.

El viejo Dris, reflexionando sobre ese periodo y el papel de Amina y Asusa, se decía en su fuero interno que, en realidad, a los varones ni por asomo, ni por casualidad, ni en broma se les hubiese podido ocurrir que sus hermanas podían cansarse, porque era como si no tuvieran derecho a ello, ya que cumplían lo que les correspondía realizar por ser niñas. ¿Quién iba a plantearse cualquier otra estrafalaria idea? Desde luego, ellos no, sus cerebros no daban para tanto, ni tampoco lo admitían su dulce confort en casa y su formidable libertad en la calle.

De modo que los chicos se acostumbraron a vivir a su aire. No tanto Selam, pero también él. Por tener el atractivo ejemplo de sus hermanos mayores (los varones, se entiende), no iba a tardar en intentar imitarlos. Hacia 1960 o 1961 decidió una buena mañana que no iba a ir a la escuela. No estaba enfermo, no estaba cansado. Había desayunado con su habitual buen apetito, estaba en plena buena forma: ¿por qué no quería ir a la escuela? Sencillamente no quería, ese día le salió de los cojoncitos no ir a la escuela, no le daba la gana, de la misma manera que no les daba la gana a Dris, a Mohamed e, incluso, a Ahmed hacer o deshacer, actuar o *desactuar* a su antojo.

El joven Dris, que andaría por sus quince años entonces, se sentía un poco responsable de la «educación» de sus hermanos pequeños, menos la de Mohamed, que ya era capaz de volar con sus independientes propias alas. Más que de su educación, en realidad se sentía responsable de su control. En ese periodo, el joven hacía muchas cosas no aptas para su edad, pero algo en él, no sabía ni dónde, ni cómo, ni por qué, le susurraba que no debía permitir que los peques siguieran sus ejemplos y los de Mohamed. Así que esa mañana pensó sabiamente que no había ninguna razón para que Selam no asistiese normalmente a clase y se lo comunicó a su hermanito; sin embargo, este se mantuvo en sus trece; que no, que no quería, que no le daba la gana y que quién era él, Dris, para obligarlo a ir al cole.

Antes de describir la reacción y acción de Dris ante el abierto desafío que le lanzaba su hermanito, es necesario aclarar rápidamente una cuestión importante: la «ciencia educativa» que había adquirido hasta entonces había sido totalmente casual y dispersa, «gracias» a algunas lecturas de algunas novelas (ya veremos qué tipo de novelas); «gracias» a algunas palizas que le propinaron algunos de sus maestros (el señor Akhrif no fue el único que le hinchó e hizo sangrar los dedos a golpes); «gracias» a algunas pocas pero terribles y terroríficas zurras que a lo largo de su breve existencia le había atizado su padre Mohamed (para hacer de su hijo un hombre de bien, de eso no había duda); «gracias» a los cientos de ejemplos de padres y a veces madres que utilizaban, con toda la buena fe del mundo, el castigo físico como argumento pedagógico cuasi único. Y no eran sólo los moros, al menos en el Barrio. Él recordaba muy bien la enorme tunda que su padre le propinó a Anita, una bonita jovencita que se veía a escondidas con él —¡Dios mío, un moro!— y fue «descubierta».

Con toda esa ciencia a cuestas, el joven tuvo que actuar para pararle los pies al mocoso que aún era su hermanito Selam. Le repitió muchas veces que cogiera su carpeta y echara a andar pa la escuela (que, por cierto, quedaba muy lejos, casi a la otra punta de la ciudad), y como el mequetrefe enano no daba su brazo a torcer, lo agarró ya ni se acordaba por dónde y lo tiró para llevárselo a la fuerza. Por el camino, y como el chavalito se echaba al suelo, fue en algunos tramos arrastrado como cualquier saco de patatas, recibió patadas, bofetadas, gritos, tirones de pelo, etc. Muchas personas intervenían para que ese jovencísimo muchacho cesara los golpes, pero entonces él se encaraba con ellos gritando con una incontenible y rabiosa cólera:

—¡Es mi hermano y lo voy a llevar a la escuela quiera o no quiera!

Y entonces esas caritativas almas se apartaban.

También es verdad que el pobre Selam aguantó el terrible castigo aproximadamente la primera tercera parte del camino. En la segunda tercera parte lo hizo llorando (o, más bien, lloriqueando), pero llevando él mismo su carpeta en la mano, andando normalmente y sin más castigo físico. En la última tercera parte, viendo que se acercaban a la escuela, se le secaron las lágrimas y dejó totalmente de lloriquear: su autoestima como gran machote se habría hecho trizas si sus colegas alumnos lo hubieran visto con tantas lágrimas en los ojos.

Dris no sabía si arrepentirse o no por esa tunda que le propinó a su hermano pequeño. Cuando rememoraba ese día y la salvajada que cometió, experimentaba como un dolor retrospectivo, un intenso sentimiento de culpa, una tremenda pena. Pero, por otra parte, estaba seguro de que, de no haber obligado a Selam a que asistiera ese preciso día a clase, el chico hubiese aprovechado esa «debilidad» de su hermano mayor para ir haciendo, él también, lo que le viniera en gana. Y, por otra parte, ¿acaso tenía en sus manos y en su cabeza otra posibilidad?

Por 2021 —siendo este el año en que estaba finalizando estos recuerdos— y desde muchísimos años antes, estaba él más que convencido de que el castigo físico nunca ha sido, ni es, ni será válido como argumento, instrumento o acto pedagógico. Y es así, porque su resultado inmediato más evidente es el miedo, y no el razonamiento o la comprensión, amén de otras consecuencias sobre las que no desea explayarse en este relato.

Dris también se interesaba por las andanzas del quinto de los hermanos, Ahmed. Lo hacía esporádicamente, interviniendo sólo cuando le parecía que sus acciones conllevaban cierto peligro, desviaciones graves, actos muy inmorales, malísimos o no aptos para menores. Le prohibía entonces continuar realizándolos, aunque, la verdad, tampoco hacía un seguimiento estricto para saber si obedecía o no. Pero un día lo encontró en amistosa y alegre conversación con Dris Laâwar y dos o tres jovencitos de unos catorce/quince años, mientras que Ahmed andaría por los diez/once. Estaban todos tranquilamente sentados encima y alrededor de la edificación que el municipio había construido para instalar un grifo de agua público (la fuente, la llamaban). Ahí estaba el hermanito, riéndole algún chiste o alguna gracia al sinvergüenza de Laâwar. Dris vio inmediatamente, claro como el agua cristalina, el peligro que estaba planeando sobre su hermano pequeño.

Porque ese tipo, Dris Laâwar, era un ladrón, un borracho y un pedófilo[16].

Era una suerte de descamisado jefe de una pandilla de niños, preadolescentes y adolescentes que lo seguían por doquier, obedecían sus órdenes y pensaban que ellos eran también reyezuelos en potencia o alcaponcitos del Barrio Málaga, bajo la tutela y la «protección» de Dris Laâwar. El muy cretino, además de robar en otros barrios (porque un ladrón que se preciaba no cometía ese tipo de latrocinios en el suyo), de aparecer borracho cada dos por tres y armar bulla por las calles de la barriada, siempre andaba buscando niños guapos para añadirlos a su harén infantil. Según los casos, utilizaba la violencia, la fuerza física y las amenazas, o mandaba a uno o dos de sus mocitos a intentar engatusar a la posible y apetecida futura presa. Como Dris era guapo[17], pues el muy imbécil y criminal pedófilo le puso los ojos encima, le envió repetidas veces al mozalbete más guapo que tenía a sus órdenes, amenazó con darle algunas palizas e, incluso, le mandó un bonito balón. Insistió mucho intentando atraerlo a su serrallo para después, mediante la persuasión o la coacción, follárselo. Lo que el

---

[16] El escritor Mohamed Anakar, en una novela en árabe titulada *Barrio Málaga*, publicada en 2007, describe de qué manera desalmados como Dris Laâwar (Dris el Ciego) se llevaban, de grado o a la fuerza, a niños para abusar de ellos.
[17] Al menos era lo que le decían muchas mujeres en el Barrio, desgraciadamente muy mayores para él. O, a lo mejor, él era demasiado niño para ellas.

tal sinvergüenza ignoraba era que el joven Dris ya sabía algo de la cuestión pedófila de cuando era pastor de cabras, por lo que, al ver cómo reía su hermano Ahmed (que también era guapo) con Dris Laâwar y sus púberes mancebitos, supo en el acto cuál era el objetivo del desaprensivo ese que utilizaba a niños indefensos y abusaba de ellos carnalmente pero no voluntariamente, como diría en este caso el diccionario de la R.A.E. Así que, sin pensárselo dos veces, tomó una firme decisión:

—¡Ahmed!

El hermanito se volvió hacia él, con la risa bailándole todavía en la cara, y preguntó alegremente:

—¿Sí?

—Ven acá.

La orden era perentoria. Ahmed se bajó de un salto de donde estaba sentado y se acercó sonriendo ampliamente. Dris no sonreía, al contrario, cuando le dio una nueva orden:

—Venga, vamos pa casa.

El pequeñajo respondió con cierta chulería en la voz y en los gestos, señalando al grupito que, sin intervenir, seguía con mucha atención lo que estaba ocurriendo, cosa de la que el hermano mayor era perfectamente consciente:

—No, hombre, estoy aquí charlando con los amigos.

Dris estaba absolutamente seguro de que Dris Laâwar dejaría tranquilo o no dejaría tranquilo al jovencito guapo que ya veía como su futura presa, según el desarrollo de lo que acontecía en ese momento entre los dos hermanos, pero que, en realidad, iba dirigido a él, al mismísimo Laâwar. Dris no estaba para bromas ni para consentir que Ahmed se hiciera «amigo» de esa pandilla de estúpidos, así que, cuando le oyó eso de que se iba a quedar «con los amigos», le alargó un bofetón tan lleno de rabia y tan fuerte que lo echó para atrás tambaleándose:

—¡A casa he dicho!

Entonces, Ahmed, con una mano sobre el sitio donde había recibido el golpe, en silencio y cabizbajo, obedeció y se puso a andar pa la casa.

Contrariamente a lo que le ocurrió con Selam, Dris no sentía ningún remordimiento, o quizás uno muy pequeño, por haberle endiñado aquella bofetada a Ahmed en presencia de sus amiguetes y del «gran» Dris Laâwar en persona, el rey de los ladrones del Barrio, hecho que podía haber representado para el quinto hermano una tremenda humillación. Y es que seguía convencido de que, de no haberlo hecho, el desalmado Laâwar habría abusado de él y lo habría orientado inevitablemente hacia la delincuencia y la droga.

En esa época, para Dris el problema principal no residía en el hecho de que se trataba de un menor, de un chiquillo de poco más de diez años en las garras de un malvado adulto que quería abusar de él. Su preocupación más angustiosa era que se iba a convertir —si seguía ese camino— en un *zamel,* en un marica a merced de ese tipejo y su pandilla.

Para la inmensa mayoría de la gente, hombres y mujeres, un *zamel* era un ser despreciable, estigmatizado, odioso, un individuo deleznable que valía menos que una cebolleta. El joven Dris no despreciaba a los que conocía, no los estigmatizaba, pero sí tenía constancia de que los miembros de la familia del «culpable» perdían de alguna manera su hombría y su honor. Y él no quería que, por culpa del malvado Laâwar, toda su familia (su padre, sus hermanos y hermanas, y él mismo) se viese en ese trance. Sin embargo, desde mucho tiempo antes de 2021, Dris ya pensaba diferente. Tenía excelentes amigos homosexuales, algunos viviendo en pareja, otros casados. Nunca estigmatizó a los homosexuales, a ninguno de los que conoció, pero ahora pensaba, además, que es un derecho total que tienen.

Y estaban las chicas, las dos hermanas.

En el Barrio, tanto entre españoles como entre moros, a las chicas se las vigilaba mucho y se seguían sus andanzas desde que empezaban a tener bultos visibles bajo sus vestidos o blusas o jerséis. Las chicas preocupaban a padres, madres, hermanas mayores y hermanos de todas las edades. Claro, a Dris le preocupaban también sus hermanas. En su cerebro circulaba una vaga idea de que ellas podían, por ser chicas, provocar —Alá no lo quisiera— la deshonra de toda la familia si algún tipo se aprovechaba de ellas, pobres ingenuas, y quedaban embarazadas sin casamiento, ni boda, ni adul, ni cura, ni rabino, ni nada.

No le preocupaba tanto Asusa, que no tenía novio y no salía mucho, como la mayor, Amina, que salía más, sobre todo por las tardes, a hablar con un joven muy guapo que debía de andar por los veinte años, Abdennabi Chaâra, vecino de cuando residían todavía en la *nuala*. Dris no sabía por qué razón Abdennabi venía desde la lejanía del campo a reunirse con él, Larbi y demás chicos en el Barrio, hasta que una tarde-noche lo vio muy arrimado, pegado se podría afirmar, a su hermana mayor, en un rincón más o menos escondido del parquecito que tenían ante sus casas los habitantes del grupo 5. La verdad es que tuvo algo de miedo: ¿y si hacían algo, se preguntó con temor e inquietud, y su hermana quedaba embarazada? Pero no, no pasó nada. Se ve que Dios se preocupaba más incluso que el propio Dris por esas cosas y no quiso que esa desgracia ocurriera. En todo caso, Dris no le dijo nada a su hermana: había entre ella y él como un acuerdo tácito de no meterse en la vida del otro o de la otra.

Y a todo esto, ¿qué hacía? ¿Cómo se comportaba Dris en esa situación de «libertad», sin nadie que lo controlara a él y lo orientara?

Mohamed y Dris venían del campo, donde las casas estaban lejos las unas de las otras y, por tanto, no era fácil reunirse con otros niños, mientras que en el Barrio bastaba con asomar la nariz a la calle y ya tenían con quien pasar agradablemente esa tarde o ese día.

Jugaba al fútbol. Cuando había una cita para un partido, lo dejaba absolutamente todo y se iba a darles patadas a las pelotas, porque balones de cuero no había. Los chavales de su edad organizaban todos los partidos que podían en cualquier solar o terreno no muy inclinado (el Barrio está situado sobre el flanco de una colina), en los que no hubiese demasiados pinchos ni piedras puntiagudas. Él, a veces, se iba a jugar con los moritos y otras veces con los españolitos, por lo que jugaba en promedio dos veces más que los demás. Tenía amigos y conocidos en los dos bandos, que no se mezclaban ni con pegamento del bueno, a pesar de que, en la barriada del general dictador, y más ampliamente en todo el Barrio Málaga, que se iba extendiendo a ojos vista, había ya mucho moro viviendo.

Jugaba al fútbol y también hacía trastadas con algunos de sus amiguetes. Por ejemplo, tocaban los timbres de algunas puertas y salían pitando antes de que abrieran los dueños de las casas. Otro ejemplo, se sentaban en grupo o se iban paseando por donde sabían o pensaban que había jovencitas para echarles piropos que muchas veces eran soeces agresiones verbales; esto de los piropos era sólo con los españolitos. El tercer ejemplo, quizás el más dañino y estúpido: buscaban coches aparcados en sitios aislados y les rayaban la pintura con cualquier trozo de algo duro y puntiagudo. El cuarto ejemplo, quizás el más peligroso, al menos potencialmente: él y su hermano Mohamed, a veces juntos y otras cada uno por su lado, iban a menudo a un sitio llamado Yamaâ El-Mezwak, que era una suerte de poblado polvoriento situado (en aquella época) en el extrarradio sudoeste de la ciudad. Se trataba, en verdad, de una pista de unos quinientos metros de largo, bastante ancha, bordeada de casas y huertos. El poblado tenía una tremenda fama de peligroso: en efecto, allí había mucha delincuencia y muchos delincuentes, y si cualquier persona ajena al poblado, desconocida por los jóvenes del lugar y por los menos jóvenes, se atrevía a pisar sola su territorio jurisdiccional, corría un muy serio peligro de salir de él directamente a un hospital o algo peor. Pero Dris y su hermano Mohamed sí tenían ese privilegio, por la sencilla razón de que allí vivían unos cuantos chavales que habían sido compañeros de clase en el colegio franco-marroquí Chrichar, eran buenos amigos de los dos hermanos y representaban para ellos un aval y una protección.

En Yamaâ El-Mezwak se fumaba mucho y de todo, se esnifaba mucho y de todo, se bebía mucho y de todo, se apostaba por todo y se jugaba a todo. Había, como es lógico, mucho borracho y mucho drogadicto por esos alrededores. Los varones, desde niños hasta adolescentes y adultos, se pasaban horas y horas jugando a las damas, a las cartas y a otros juegos que desconocía el joven Dris. Y siempre por dinero. Allí el juego no era ninguna broma, era una cosa muy seria, una cosa de hombres que podía acabar muy mal.

Los dos juegos para ganar rápidamente algún dinerito o perder el poco que se tenía eran la siete y media, y la cara o cruz. Los adolescentes e, incluso chicos aun con menos edad, jugaban ante todo a la cara o cruz. Era el juego más rápido y, seguramente por esa razón, el más popular, el que más gustaba, el que más adeptos tenía.

Este juego tenía dos ventajas: la de permitir participar a muchos jugadores, uno tras otro, por riguroso turno de llegada, y la de que iba muy deprisa y las pesetas iban pasando de mano en mano rápidamente, creando un intenso ambiente de emoción. Pero tenía una desventaja, y es que provocaba muchas peleas, ya que se hacían trampas o se pretendía que se hacían trampas, siendo el resultado el mismo en los dos casos: una disputa, insultos, enfrentamientos… Y era verdad que esos jóvenes y menos jóvenes tenían una extraordinaria habilidad con las cartas y con las pesetas y hacían trampas a veces, dependiendo de quién era el contrincante. Y eran muy buenos peleando, terribles habría que decir, porque ahí el que no sabía pelear o tenía miedo estaba perdido: se convertía en el hazmerreír de los demás, que no se cortaban ni un pelo en aprovechar la circunstancia de tener un chivo expiatorio para según qué atrocidades. De modo que casi todos tenían excelentes técnicas aprendidas directamente, dándose unos a otros cabezazos, puñetazos, bofetadas y patadas.

También se apostaba por dinero jugando al hoyo. Se hacía en el suelo un hoyo de unos cinco centímetros de diámetro y diez de profundidad. Los jugadores (desde dos hasta cinco o seis) trazaban una línea desde la que todos iban a tirar. Cada uno de los participantes ponía una moneda del mismo valor que todos los demás. Desde la línea, tiraban las monedas al hoyo de la manera que querían, es decir, todas de una vez, en dos lanzamientos, en cinco si había cinco jugadores, etc. El que más monedas metía en el hoyo se las llevaba todas. Si había empate de tres, esos tres continuaban, y si había empate de dos, estos tenían la posibilidad de seguir para desempatar o repartirse la cantidad de pesetas o francos de aquella tanda. Este juego, sin embargo, no se practicaba mucho, porque, pensaba Dris mucho más tarde, no ofrecía ninguna posibilidad de hacer trampas.

En Yamaâ El-Mezwak, los dos hermanos no jugaban mucho ni a la siete y media, ni a la cara o cruz, ni al hoyo. Por dos razones, al menos en el caso del mayor. Primera razón (de mucho peso): la mayoría de las veces estaban más tiesos que un palo reseco, mientras que los jovenzuelos de Yamaâ El-Mezwak tenían sus pesetitas o sus franquitos porque, mucho o poco, robaban. Segunda razón (interesante): Dris se daba cuenta de que esos amiguetes habían crecido —casi nacido— jugando a esos juegos. No era para nada su caso, pues su padre jugaba mucho a las cartas, pero nunca en casa, siempre en el café. En su casa nunca supieron siquiera cómo era el juego de damas, ni siquiera el parchís, nada de nada. Entonces él sabía que, si jugaba, tenía como el 99 % de probabilidades de perder y, pese a eso, cuando a veces poseía algunas pesetitas de más, se ponía a jugar confiando en ese 1 % de muy improbable buena suerte. Naturalmente, siempre perdía sus pesetas, pero no le dolía, porque ya de antemano las daba por perdidas y porque había sido un rato de agradable emoción contenida. Y sus amiguetes lo tenían en gran estima, porque constataban que sabía reconocer sus limitaciones.

Y es que Dris, sin tener muy clara la importancia o insignificancia de su conducta, se ponía a sí mismo líneas rojas a no traspasar. Por ejemplo, no fumaba. No lo hacía desde que fue pastor. Entonces sí fumaba, como todos los demás peques que los padres ponían a guardar animales. Después de buscarlas y recogerlas por la carretera Ceuta-Tetuán, se fumaban sus colillas sentados a la sombra de cualquier árbol. Y él, un día que estaba fumando escondido, para que su padre no se enterara (porque ya le había dado una tremenda paliza por esa causa), se dijo en su fuero interno: «*¿Por qué tengo que ir escondiéndome por una estupidez como esta?*». Apagó la colilla y se dijo que nunca más. Promesa cumplida hasta 2021 y, seguramente, hasta el fin de su vida ya.

Tampoco se drogaba. Rechazaba tajantemente tomar hachís, un producto que se podía encontrar con muchísima facilidad y que muchos amigos le ofrecían amablemente. Se acordaba mucho de un alumno de la escuela Chrichar que se drogaba constantemente. Un día, un grupo de alumnos entre los cuales se encontraba él hallaron a ese chico cerca de la Puerta de la Reina tirado en el suelo como un trapo viejo y sucio, incapaz de moverse y hablando a duras penas. Se quedaron con él un rato intentando ayudarlo, hasta que vino un furgón de la policía, salieron dos agentes, echaron a los chavales de mala manera y se lo llevaron sabe Dios a dónde. Nunca más volvió a la escuela ese chico, nunca más volvió a verlo Dris.

Tampoco se apuntaba a las expediciones para ir a robar frutas en el mercado o en algunas tiendas, o a arrancarle el bolso a alguna dama sola. Él ya sabía lo que era robar en las huertas, de sus tiempos de cabrero, y también de cuando se saltaba algunas clases y con un grupito de algunos colegas asaltaban los árboles frutales de alguna de las huertas que había a lo largo de la carretera que bajaba hacia el río M'hannech y seguía hacia Ued-Lau.

El resultado de aquella situación era que Dris tenía varios amigos ladrones y drogadictos, algunos tremendamente crueles, pero él no era nada de eso, no lo era porque rechazaba seguir esos tortuosos caminos. ¿Qué era lo que lo frenaba? ¿Por qué se exigía a sí mismo no adentrarse con esos amigos suyos en según qué terrenos pantanosos? Y eso a pesar de que ellos lo invitaban a participar, sabiendo que estaba siempre sin blanca.

Mohamed, el padre de Dris, era un hombre encantador, muy cariñoso cuando consideraba que algo habían hecho bien sus hijos, pero muy severo si consideraba que algo estaba mal. Y tenía la pedagogía de sus tiempos y de su educación, que consistía en corregir a palo limpio y a limpios puntapiés. Cuando se enteraba de que su hijo Dris había robado frutas en alguna de las huertas del monte, le daba palizas de muerte. Dris le temía a su padre, pero esas tundas nunca lo convencieron de nada (ni tampoco a sus hermanos). En su época pastoril no robaba mucho por miedo. Después, en la escuela Chrichar, y estando su padre lejos, robaba más, pero sólo frutas en huertas. A pesar de todo, algo quedaba de la «pedagogía» paterna, porque no se limitaba a pegar, también daba consejos y explicaba por qué era malo robar. Pero el viejo Dris estaba convencido de que la responsable principal, la causante de la manera de ser y de actuar de sus hijos e hijas fue Paquita.

Su madre estaba con Mohamed allá en las alturas de Buhamed. No podía ver ni saber lo que su hijo hacía, ni lo bueno ni lo malo, pero él se acordaba de sus sabios consejos, de sus recomendaciones y, sobre todo, y fundamentalmente, de su conducta. Porque Paquita era una mujer recta y honesta en lo que decía y en lo que hacía. Era algo así como la moral teórica y la moral práctica unidas indisolublemente en la misma persona. No sólo predicaba con la palabra, también daba ejemplo con la acción, con su conducta diaria en la vida de todos los días. Y eso era algo que sus hijos e hijas iban chupando inconsciente e inexorablemente, verdades que se les iban inculcando en sus pensamientos y en sus comportamientos.

Quizás fuera algo extraño para esa época, pero Paquita no les hablaba mucho de Dios. Ni mucho ni poco, en realidad. Y eso era seguramente así porque en su mente había dos dioses y dos enviados suyos, entre los cuales no supo elegir en esa época (lo hizo mucho más tarde), quizás porque los dos eran igual de buenos, los dos les decían a los humanos que hicieran el bien y no hicieran el mal.

Tampoco hacía muchas referencias al Infierno, al castigo divino en las atroces llamas del fuego eterno. Su moral —la que practicaba y la que transmitía— no era religiosa, no era a partir de tal religión o tal otra, su moral era humana, a partir de la vida de los humanos, de cómo vivían, cómo se comportaban, cómo actuaban. El bien y el mal son actos concretos y sus consecuencias se materializan aquí, en nuestro mundo. Incluso cuando les contaba cuentos (Caperucita, Blancanieves, Alí Babá, múltiples princesas, príncipes, madrastras malas, hadas buenas, etc.), siempre introducía a hombres y mujeres aludiendo directamente a casos concretos de personas concretas, esforzándose ante las dificultades de la vida, de manera que hacía desfilar ante sus ojos y su imaginación a personajes de carne y hueso, como ellos. Les contaba la vida real, o una visión de la vida real que los ayudaba a reflexionar, a analizar, a ver, a ponderar, a elegir en la suya de cada día.

Dris también habló de esta cuestión con Paquita, del hecho de que se hubiesen quedado solos en el Barrio. Lo hizo una sola vez, a comienzos del siglo veintiuno, cuando ella se instaló en Salé con él, con su mujer Fátima y con Sonia, la hija de ambos.

—La verdad, mamá, es que fue una cosa… Cómo lo diría…, bastante imprudente, creo.

—Bueno, hijo, tal vez lo fue, pero es que no había otra solución.

—¿Cómo que no había otra solución? La solución era que te hubieses quedado con nosotros en el Barrio.

—De eso ni hablar. Mira, tu padre era un hombre que no podía estar sin una mujer a su lado para todo, para hacerle la comida, para lavarle la ropa, para ocuparse de la casa y para todo lo demás, ¿me entiendes?

—Claro que te entiendo, mamá.

—Y yo, hijo mío, era muy celosa. Cuando pensaba que me pasaba meses y meses sola, y él tan tranquilo con otras señoras, es que me ponía negra. No hacía más que pensar en eso, no lo podía soportar.

—Es la primera vez que me lo dices, mamá.

—Claro, porque nunca hemos hablado de esto.

—Es verdad, es la primera vez. Pero bueno, a mí me parece que dejar a tus hijos solos, tan jovencitos todos, también debió ser un problema, ¿no?

—Claro que lo fue, hijo, pero eso también me lo pensé bastante, ¿sabes?

—O sea, ¿no fue una especie de arrebato debido sólo a los celos?

—De ningún modo. Verás, al ir a Buhamed por primera vez, me di cuenta de una cosa: no sólo la enfermera era el problema, porque ella era…, pues una mujer libre, con más de cuarenta años. No era nada guapa, la verdad, y había accedido a estar con tu padre porque también estaba sola. Pero es que el verdadero peligro era otro.

—¿Cuál, mamá?

—Pues, hijo, que los *yeblíes*[18] del lugar, todos los que tenían hijas casaderas de menos de veinte años, se las proponían a tu padre. Y esas sí eran guapas y jovencitas. Y con lo que le gustaban a tu padre las mujeres…

—Pero ¿tú crees que papá se habría casado con una chiquilla? Y, además, ¿quién te dijo a ti eso?

—Pues me lo dijo la mujer del jalifa, hijo, que simpatizó bastante conmigo y como vivía al ladito nuestro, pues venía mucho a verme. Mira, hijo, tu padre ya se había casado con una vieja y fea, ¿por qué no iba a hacerlo con una jovencita y guapa? Así que yo ya no me fiaba.

—Pues no sé qué decirte, mamá, aunque ahora te comprendo algo mejor.

—Y había más, hijo.

—¿Más?

—Verás, ya te he dicho que no fue una decisión fácil dejaros solos en el Barrio, pero es que yo pensé en esos momentos que si vuestro padre se casaba con una jovencita, lo más probable es que él y yo nos hubiéramos divorciado, porque yo no hubiese aceptado esa situación ni por todo el oro del mundo.

—En eso estoy de acuerdo.

---

[18]   *Yebli*, plural *yeblíes*: montañés.

—Y si tu padre y yo nos divorciábamos, ¿quién iba a costear vuestros estudios? Hubierais tenido que poneros a trabajar en cualquier cosa para ganar una miseria y hubierais sido como esos tipos del Barrio que yo no quería ni ver.

—También eso es verdad, mamá.

—Además, mira, yo me había prometido a mí misma que iría a veros lo más que pudiese, y nunca dejé pasar más de seis meses seguidos sin hacerlo.

—Vale, mamá, ahora te comprendo mucho mejor. Pero me gustaría, esto… ¿me permites hacerte una pregunta algo personal?

—Claro, hijo, la que tú quieras.

—Estando tú sola con papá en Buhamed, ¿cómo es que no tuvisteis más hijos?

—En primer lugar, quedé embarazada y aborté. Fue involuntario, pero esa ha sido quizás la pena más grande que he tenido en mi vida.

—Vaya, pues tampoco sabía esto, mamá. Y lo siento mucho, de verdad. ¿Y en segundo lugar?

—¿En segundo lugar? Ah, sí. Pues nada, hijo, que yo ya me sabía algunos trucos y después del aborto ya no quise tener más embarazos.

Dris comprendió mejor la posición de Paquita a partir de entonces y esa suerte de juicio inconsciente que le hacía a su madre desapareció. Pero en el Barrio seguían los seis hermanitos y hermanitas viviendo solos. Las dos chicas en la casa y los cuatro chicos mayormente en la calle.

Tenía bastantes amigos en el Barrio. Ya se ha dicho: era salir a la calle y encontrarse con uno o unos cuantos y decidir hacer cualquier cosa, según el azar de cada encuentro. La gran mayoría eran mucho menos conflictivos que los de Yamaâ El-Mezwak, amigos que ni robaban, ni agredían, algunos que ni siquiera jugaban al fútbol. Eran muchos, moritos y españolitos (aunque estos se fueron yendo rápidamente), pero los dos más importantes eran Larbi[19] y Miguel.

La familia de Larbi se instaló en el número 14 del grupo 2 de la barriada de Franco, el dictador, un mes apenas antes que la de Dris. Se conocieron rápidamente, pues vivían en la misma callecita y en la misma acera, y simpatizaron. A partir de entonces (año 1959, seguramente durante las vacaciones de verano) sólo dejaron de verse y de estar juntos todo el tiempo posible cuando residían en ciudades o países diferentes.

El padre de Larbi, el Haŷ[20] Ahmed Harras, era un tetuaní de pura cepa. En Tetuán había nacido, se había educado y criado, en ella se había casado, allí había militado en las filas del Partido Reformista del Norte (PRN) de Abdeljalak Torres para obtener la independencia y la unidad de Marruecos. Es decir, al menos durante su juventud, había sido lo contrario del padre de Dris. Los dos hombres se conocían desde hacía bastante tiempo, pero se apreciaban muy poco y se querían menos todavía.

---

[19]    Larbi, el gran amigo de Dris, falleció en 2019. Y falleció aquel año porque no quiso vivir más. Él había tenido un cáncer que le habían curado a base de quimio-terapia, pero cuando tuvo una recaída, rechazó (y así se lo dijo a su amigo unos tres o cuatro meses antes de morir) seguir viviendo sin poder disfrutar de los placeres de la vida. No quería vivir sólo para pasar su tiempo curándose y ser un lastre para los suyos y para él mismo, como si lo estuvieran arrastrando con una soga al cuello. Hasta siempre, amigo mío.

[20]    La i griega con acento circunflejo (ŷ) se pronuncia como la jota francesa o catalana.

El Haŷ Ahmed era un hombre muy religioso, un musulmán convencido de su creencia y profundamente respetuoso con las creencias de los demás humanos. Respetaba en particular el catolicismo y el judaísmo, que eran las dos religiones con las que se codeaba diariamente, y tenía amigos entre unos y otros, excepto con gente racista.

Su honestidad era ejemplar. Como militante activo y valiente que fue del PRN, los dirigentes de su partido le ofrecieron un puesto político importante cuando en 1956 Marruecos obtuvo lo que parecía una independencia, pero él lo rechazó por considerar que su nivel de estudios no le daba derecho a ese puesto. Después abandonó las filas del partido, que entretanto había sido engullido por el Partido Istiqlal, cuando constató que muchos antiguos militantes y dirigentes se habían transformado en puros asesinos de sus opositores políticos y en puros ladrones de bienes públicos y privados.

El trabajo que acabó aceptando, porque al no querer el bueno y deshonesto le dieron uno malo y honesto, fue un puesto miserablemente pagado en la parte baja de la pirámide administrativa, que ocupó hasta su jubilación. El Haŷ Ahmed, sin embargo, realizaba otra tarea, porque era un verdadero artista dibujando y burilando formas en joyas de oro y plata. Su maestro había sido un tetuaní judío del que él siempre decía, cuando hablaba de su preceptor joyero: *«Que Alá lo tenga en su gloria»*. La calidad de su trabajo como joyero era reconocida y extraordinariamente valorada por los más importantes empresarios en joyas de Fez y de Casablanca.

El Haŷ Ahmed era un hombre bueno y generoso, pero su teoría pedagógica se parecía mucho —hermana gemela— a la del maestro señor Akhrif: si una persona no seguía por las buenas el recto sendero del bien (o lo que los mayores consideraban el recto sendero del bien), había que llevarla a él por las malas, a castigazo limpio, y si el castigo tenía que ser físico, pues peor para el culpable. Y el hombre tenía muy claro en su cabeza qué era lo que su primogénito Larbi debía estudiar y lo que no debía estudiar. En este terreno hubo problemas entre padre e hijo, y es que a Larbi le encantaba dibujar, tenía incluso en mente hacerse pintor. Dibujaba muy bien y, por cierto, burilaba casi tan bien como su padre. Se podía pasar horas y horas con un lápiz, un pincel, unos papeles, unos colores, que se compraba ahorrando pesetita a pesetita. Pero el Haŷ Ahmed, erre que erre, que eso era perder el tiempo, que si quería ser un pobre diablo el día de mañana, que lo importante era el programa oficial del liceo…Y como Larbi no daba fácilmente su brazo a torcer y seguía dibuja que dibuja, pues había que tomar decisiones severas: le rompía y tiraba a la basura todos sus bártulos de futuro pintor y lo castigaba (generalmente, sin dejarlo salir).

A causa de esta cuestión (la más importante para él), Larbi llevaba una vida algo triste, pues no podía hacer lo que le gustaba y, además, recibía reprimendas y castigos. Así que él también tomó una decisión: aprovechando que el Ministerio de Sanidad organizó la formación en tres años de técnicos de laboratorio, se apuntó y empezó a tener algo de dinero propio, ya que le daban una pequeña beca.

Larbi ejerció con perfección su profesión. Se casó con una extraordinaria mujer tetuaní, que también era funcionaria, y tuvieron dos hijas y entre las dos hijas un hijo. Los educaron de la mejor manera, y no es ninguna florecita hipócrita que les lanza a Larbi y a su esposa (que también fue una gran amiga), es algo que él conocía y conoce muy bien. Cuando Larbi se quejaba ante su amigo moro (porque tenía muchos otros, moros, cristianos y judíos) de algún comportamiento de sus hijos que no le gustaba, él le respondía siempre:

—Por favor, no te quejes, tú no tienes dos hijas y un hijo, tú tienes tres tesoros inestimables, así que para ya y soluciona la cuestión con ellos.

Y Larbi, sin excepción, siempre respondía lo mismo:

—Hafida, que en paz descanse, es la que realmente ha educado a nuestros hijos, porque con mis tonterías, yo no sé si habría podido solo, ni cómo lo habría hecho.

Vamos a ver ahora al otro amigo importante de Dris, el amigo al que nunca olvidó a pesar de que se separaron tempranamente y, por lo menos, hasta ese año de 2021, aún no se habían vuelto a ver.

Conoció a Miguel Esteve muy poco tiempo después de haber comenzado su larga amistad con Larbi. En realidad, se podría decir que lo conocieron al unísono. Y también simpatizaron rápidamente.

Ese guapísimo españolito siempre sonriente vivía en la parte baja del Barrio, al final de la avenida Victoria, en una callecita estrecha que desembocaba muy cerca de la carretera Tetuán-Tánger, pero él subía mucho a la barriada, que era donde más espacios había para jugar, para sentarse, para hacer partidas de parchís, y donde más jovencitas salían a tomar el fresco, a charlar juntas y seguramente a vigilar, aunque sólo fuera de reojo, lo que hacían aquellos jovenzuelos.

Miguel era hijo de un pequeño empresario que gestionaba una minúscula jabonería situada en la larga avenida Onésimo

Redondo, después, cuando se fueron los «protectores», avenida Abdelkrim Jattabi. La fábrica tenía una sola gran caldera y un solo trabajador (marroquí), al que ayudaba en su labor el joven Miguel, que debía de tener unos dos años más que Dris. Este último se iba a veces con su nuevo amigo a aprender cómo se fabricaba el jabón. Participaba así en sacar de la caldera la pasta amarillenta, depositarla en moldes, y unas veinticuatro horas después, cuando ya se había enfriado y solidificado, trocearla y ponerla en cajas de cartón para su venta directa en pequeñas tiendas de la morería, porque medianas y grandes superficies no existían entonces en Tetuán.

Miguel había parado sus estudios en el tercer año de secundaria y hacía figura de alguien con mucha cultura y mucho saber ante Dris, que apenas iba a empezar su primer año (cuando se conocieron), pero él nunca se vanagloriaba de esa «superioridad intelectual». Era un chico simpático, alegre, siempre solidario con sus dos amigos, pagándoles a veces el cine, puesto que él tenía una pequeña paga por su trabajo en la jabonería.

En 1963 se fue a Alemania, pero volvía a Tetuán cada verano (incluso cuando ya toda su familia se había repatriado), hasta 1967. Iba sin falta a casa de Dris para saludarlo y saludar a Paquita. Pero ese verano de 1967 fue el último, porque él y su amigo se enfadaron a causa de una tremenda discusión. Fue tremenda, pero sobre todo estúpida, pensaba el viejo retrospectivamente, recordando ese desgraciado momento.

Estaban en la casa del Barrio, sentados alrededor de la mesa del comedor, bebiéndose tranquilamente un café o un té, contándose sus cosas, con Paquita acompañándoles, pues ella estimaba mucho a Miguel. No estaban los hermanos, ni las hermanas presentes, ni tampoco Larbi, que de haber estado habría puesto paz en esa discusión (o a lo mejor no). El hecho es que salió a relucir el tema de los conocimientos lingüísticos respectivos en lengua española de Dris y de Miguel.

Para este último, él era un puro español por todos los costados y no había en el mundo ningún moro, por mucha madre española que tuviera, que hablara mejor que él su lengua, la que había mamado desde que nació. Dris no pensaba igual, él acababa de obtener su bachillerato y tenía suficientes conocimientos lingüísticos como para darle tres vueltas y media a su amigo (es lo que pensaba, ufano, en ese momento). La conversación había empezado tranquila y amigablemente, pero algún secreto resentimiento o alguna secreta frustración debían de ocultar sus entrañas, las de los dos, porque el tono fue subiendo rápidamente y se pusieron a argumentar a grito pelado. Paquita se puso del lado de su hijo en un intento de que Miguel fuera más razonable. Entonces, él ya no aguantó más, se levantó y dijo:

—¡Adiós, me voy!

Abrió la puerta, salió, la cerró y ya no se vieron más. Pero quién sabe, pensaba el viejo Dris, a lo mejor algún día…

Miguel y Larbi fueron sus dos primeros mejores amigos, el uno por poco tiempo a causa de una egocéntrica estupidez y el otro hasta su muerte. Entre 1959 y 1963 se buscaban unos a otros en cuanto tenían ratos libres y hacían infinidad de cosas juntos. ¿Infinidad de cosas? No, en realidad, pocas, pero juntos, ya que hacían buenas migas y las repetían casi al infinito. Era lo que había. Se paseaban juntos, iban al cine juntos, si había suficiente dinero se tomaban un café o una limonada juntos, intentaban ligar juntos, se aburrían juntos… Y juntos empezaron a beber vino a escondidas, aunque muchas veces los acompañaban dos españolitos y un morito.

El morito se llamaba Ahmed Targuisti. Era alto, guapo y simpático. En 1964 se fue a los Países Bajos, donde trabajó, se casó con una marroquí y tuvo hijos con ella. A partir del año 2000 empezó a revisitar su ciudad natal, por lo que Dris pudo volver a verlo una sola vez, mientras que Larbi pudo tomar con él muchas cervezas en recuerdo de los viejos tiempos y en honor a los nuevos. De los españolitos, Dris sólo se acordaba un poco de uno, que también era alto, guapo, simpático y tenía una bellísima voz. Vivía en el grupo 3 de la barriada, en el que todas las casas tenían jardincitos. No pagaba la parte que le correspondía de lo que se bebía, porque lo invitaban para que les cantara canciones de Antonio Molina y Juanito Valderrama, cosa que hacía de muy buen grado. Los tres amigos nunca supieron si era racista o no, como algunos otros que no querían ni saludar a los moros que se habían instalado en «su» barriada, y tampoco supieron si venía y cantaba sólo para beber gratis.

Los que de esa guisa bebían bebidas alcohólicas escondiéndose (por haber moros entre ellos y porque eran menores) lo hacían en la fábrica de jabón, aprovechando que los domingos no había nadie allí, o sea, que era el día de descanso del obrero marroquí. Cuando acababan las bebidas, generalmente una botella de *Doumi*[21] y una botella de cocacola, y aunque no estuvieran borrachos, salían a la calle haciéndose los borrachos, porque eso era de muy machotes, iban al cine y hacían estupideces, o se

---

[21] *Doumi:* vino marroquí de mala calidad, así que bastante barato o, en todo caso, el más barato.

iban al Ensanche y hacían estupideces, o cualquier cosa y hacían tonterías.

A menudo, los tres amigos realizaban una «actividad» a la que no invitaban a nadie, a saber por qué razón. Quizás por considerar que era algo inmoral, que sus otros compadres no debían conocerla para que no hubiese posibilidad de que se divulgase y se supiese. La cosa secreta que se traían entre manos era la masturbación.

La inmensa mayoría de la gente en Tetuán, en Marruecos y en España opinaba horrores de la masturbación y los tres amigos no podían opinar de otra manera; de hecho, cuando se masturbaban mirando las imágenes de desnudos femeninos que traía Miguel, lo hacían cada uno en su rincón, como a escondidas, y después (al menos, eso le ocurría al joven Dris) arrastraban en sus pensamientos como una gran culpa. No le hacían daño a nadie, lo sabían, pero era una «actividad» tan horrenda, tan mal vista por todo el mundo, incluidos ellos tres, que el placer de ese secretísimo momento en la fábrica de jabón del padre de Miguel quedaba como empaña-do, como oscurecido, disminuido, casi anulado. Pero volvían a las andadas, a las manos, se podría decir, a saber por qué.

A lo mejor porque la masturbación en ese contexto tenía una ventaja de la que ni se daban cuenta, y es que reforzaba su amistad al introducir en sus relaciones un elemento que les pertenecía sólo a ellos, un secreto terrible que nadie más conocía, una mala acción que les daba como una impresión de superioridad ante los demás jovenzuelos. O a lo mejor era que ese placer, en un desierto sentimental y sexual, era necesario.

Finalmente, para no alargar demasiado esta lista de acciones libres y tonterías libres de adolescentes incontrolados y desorientados, había algo que sólo hacían Larbi y Dris, y era montar en moto. Larbi tenía una Puchs de tres velocidades que conducía como un verdadero as de alguna de las fórmulas de carrera (pongamos la 3). Y le agradaba llevar con él a su amigo por una razón que le explicó por 2014 o 2015, en una de las ocasiones en que se encontraron y bebieron y comieron y hablaron del pasado y del presente y de la situación en el país y de sus familias y de sus amigos y de su salud.

—Cuando yo te llevaba en la moto era como si no llevara a nadie. Tenías una increíble capacidad para adaptarte a la velocidad, a las curvas, a las inclinaciones, a los frenazos y medias vueltas…

Le gustó ese (aunque tardío) reconocimiento de esa su habilidad. En realidad, el gran habilidoso era Larbi, porque era el que iba delante y conducía, y al cual le gustaba… Venga, digamos la palabra, le gustaba chulear, demostrar a propios y extraños, sobre todo a propias y extrañas, de lo que era capaz con una moto en las manos y, además, con un tío en el asiento de atrás. Y a Dris le encantaban también los giros y virguerías de su amigo con la Puchs, porque siempre había espectadores y espectadoras que veían de qué manera aguantaba el peligro, lo que no era otra cosa que un poco de chulería.

Los habitantes de la barriada del Generalísimo Franco no estaban todos contentos cuando familias moras empezaron a invadir su territorio. Algunas familias españolas nunca les dirigieron la palabra a los recién llegados, y muy poco después de llegar con la suya, a Dris hubo dos chicos que quisieron darle una paliza por eso mismo (suponía él), por ser moro, porque no había absolutamente ninguna otra razón. Un día lo rodearon algo lejos de su casa (había con ellos otros españolitos como espectadores), se pusieron a darle empujones y a insultarlo:

—Gilipollas, ¿tú a qué has *venío* aquí, eh? ¿Por qué no te has *quedao* en tu pueblo con tus moros, eh?

A pesar del miedo, Dris se encaró con ellos, y a los empujones y golpes que recibía respondía o intentaba responder con otros. Sabía que tenía todas las de perder, pero estaba dispuesto a vender cara su piel. Estaba preparando ya sus dientes, porque, como mínimo, sabía morder y era algo que ya había hecho en sus tiempos de pastor de cabras. Afortunadamente, un vecino español se dio cuenta de lo que pasaba, salió de su casa y los separó. Le preguntó a Dris:

—¿Qué les has hecho?

—Nada.

El hombre comprendió lo que pasaba, les echó una buena bronca a los dos jovencitos y fue a ver a sus padres. A partir de ahí, no hubo más incidentes de ese tipo en la calle, pero cuando se encontraba con alguno de esos dos en un equipo adverso, no jugaban al fútbol, sino a ver quién le rompía la espinilla al otro. Los dos acababan con algún que otro golpe, pero no pasaba nada, formaba parte del juego y era su particular manera de solventar lo que no habían podido solventar en esa primera ocasión en que le habían querido dar una paliza entre dos.

No se acordaba muy bien ni de esos dos ni de muchos otros, porque se fueron pronto. Se acordaba mejor de los que permanecieron más tiempo. Cuando Dris se fue a Casablanca a finales de septiembre de 1964, en los cinco grupos de la barriada quedaban entre diez y quince familias, de las más de cincuenta que vivían allá. Esas familias tenían relaciones normales con sus nuevos vecinos y nuevas vecinas. Dris no se acordaba de ningún tipo de incidente, pelea o problema, pero dos familias particulares, la familia Quiñones y la familia Martínez, eran las que más y mejor se habían integrado en el nuevo entorno moro que los fue rodeando poco a poco.

La familia Quiñones tenía dos hijos, Manolo y Enrique. Los dos eran buenos amigos de Dris, Larbi y Miguel, del hermano pequeño de Larbi y de los hermanos pequeños de Dris, así como de las dos hermanas de Larbi y otros chiquillos recién llegados. Se pasaban buenos ratos jugando en su pequeña calle, que nunca tuvo nombre. Era la que separaba el grupo 2 del grupo 3. La señora Carmen Quiñones iba a menudo a charlar con Paquita y se lamentaba de no saber marroquí, para poder conocer mejor a las demás vecinas.

Los Quiñones, que fueron de los últimos en irse del Barrio, se instalaron en L'Hospitalet de Llobregat. Allí fue Dris a visitarlos por 1995 o 1996.

Precisamente en el grupo 3, justo enfrente de la casa de Larbi, vivían los Martínez. El padre era fotógrafo. Era una familia con un chico y dos chicas, cuya madre había muerto. La mayor se llamaba Obdulia, el segundo Fernando y la tercera Isabel. Obdulia era enfermera y casi siempre llegaba tarde a su casa porque se quedaba hasta las tantas con su novio. Todos lo decían: ese hombre (que no aparecía nunca en el Barrio Málaga) era médico, era su novio, pero no se sabía por qué razón no se casaban. Fernando siguió los pasos de su padre y se hizo fotógrafo. Le gustaba sentarse con sus vecinos más jóvenes y mostrarles su saber hacer. También les daba consejos sobre cómo ligar con las chicas. Y la tercera, Isabel, era la más jovencita, guapa y simpática. Le gustaba mucho a Miguel y él a ella. Tardaron en hacerse novios, pero después se casaron y se instalaron en Valencia.

Fueron unos tres años de vida, los de 1959 a 1962, durante los cuales Dris y sus hermanos y hermanas pasaron de la infancia a la adolescencia algunos, y de la adolescencia a la casi adultez otros. Paquita y Mohamed se reunieron con ellos a principios de 1962, cuando al padre lo destinaron a un poblado llamado Ben Karrich, situado a quince kilometritos de Tetuán, con una buena carretera y buenas comunicaciones.

Pensaba, sentado en su poyo, adosado a su pared y reflexionando en la experiencia suya y las de los suyos y de amigos y de mucha gente y de sociedades enteras, que algunas circunstancias de la vida y muchas acciones conscientes de los humanos los dividen en dos grandes grupos: los que han podido estudiar y desarrollarse intelectualmente (que podríamos denominar los alfabetizados culturalmente) y los que, por falta de medios materiales y básicamente a causa de esas políticas conscientes, no han podido estudiar y desarrollarse intelectualmente (a los que podríamos llamar los analfabetizados culturalmente).

Los palabras «analfabetizar» y «analfabetización» no existen en la lengua española, pero deberían existir (en todas las lenguas, puntualiza el viejo Dris), porque existen en la realidad sociopolítica y cultural de la gran mayoría de los países del mundo.

Alfabetizar, explica el diccionario de la RAE, es enseñar a leer y a escribir; alfabetizar culturalmente podría ser enseñar lo que son las culturas, su importancia en la profundización de nuestros conocimientos, de nuestra racionalidad, así como su valor en el acercamiento de los humanos los unos a los otros, en la comprensión y aceptación de las diferencias, en la relativización de nuestros pensamientos y de nuestra propia existencia. Analfabetizar debería, pues, ser lo contrario de alfabetizar: no enseñar ni a leer ni a escribir, o justo un poquitín para poder deletrear alguna que otra palabra no demasiado complicada. Según esta lógica, analfabetizar culturalmente podría significar exactamente lo contrario de alfabetizar culturalmente: no enseñar nada, dejar a la gente directamente con lo que vive, sin enseñanzas, sin explicaciones, ni profundizaciones, ni comparaciones, ni racionalizaciones, ni relativizaciones…

Vaya por delante la convicción de que una persona analfabetizada o analfabetizada cultural no es necesariamente una persona tonta o incapaz de analizar y comprender la vida y sus complejidades sociales y políticas, porque la inteligencia empírica puede ser extraordinariamente perspicaz y aguda. Por otra parte, una persona alfabetizada cultural no es sinónimo automático de inteligencia, porque Dris ha conocido a doctores y doctoras, en literatura y otras cosas por el estilo, más obtusos y obtusas que hipopótamos e hipopótamas sin cerebro. En cuanto a la cuestión de ser una buena persona o una mala persona, desde el punto de vista moral, es algo que no entra en esta pequeña descripción. Es sabido, por ejemplo, que una persona alfabetizada cultural puede ser una muy buena persona, muy honesta, muy generosa, pero también puede ser una malísima persona, muy deshonesta y muy mezquina. Y exactamente lo mismo le puede pasar a una persona analfabetizada cultural, por lo que, a todas luces, la cuestión moral no entra en tela de juicio en estas suertes de categorizaciones.

En el mundo aquel de la primera parte de la segunda mitad del siglo veinte, en el Barrio Málaga, los analfabetizados recibían y asimilaban mucha analfabetización cultural (lo diario, lo que vivían concretamente, a saber: sus comidas, su lenguaje, su vestimenta, sus juegos, sus trabajos, sus relaciones, su religión, el tipo de educación familiar, la música que oían, las supersticiones…) y muy poca, poquísima alfabetización cultural (estudios, básicamente, actividades culturales, viajes…), por lo que su desarrollo mental, intelectual, cognitivo, etc. sólo podía ser analfabetizado cultural, es decir, limitado, con muy pocas perspectivas de ampliaciones o mejoras. Tal como diría el profesor Pablo Simón[22], su capital cultural dejaba mucho que desear. En ese mismo mundo, los alfabetizados recibían y asimilaban el mismo tipo de analfabetización cultural, pero, además, una alfabetización cultural importante, que les permitía gozar de muchas más posibilidades de desarrollarse mental, intelectual y cognitivamente. Su capital cultural podía ser (y en general lo era) mucho más completo y más equilibrado.

En Tetuán, la analfabetización cultural estaba muy extendida. No había mucha elección. No existían muchas escuelas, ni siquiera en cantidad suficiente para los españolitos y las españolitas; no había casi nada que ayudase a superar la cultura analfabetizada de esa gran mayoría de la que formaban parte Larbi y su familia, Dris y su familia, y miles de moritos y moritas que no tenían donde caerse muertos, así como centenares de familias españolas pobres.

Por otra parte, los conocimientos y actividades culturales disponibles no eran de gran calidad, porque la alfabetización cultural, incluso limitada a capas selectas, dejaba mucho que desear. Una de las causas era que no había democracia. Toda la franja del norte de Marruecos (el mendrugo que Francia le dejó en

---

[22] Pablo Simón: profesor de Ciencias Políticas en la Universidad Carlos III, Madrid, y en la Universidad Libre, Bruselas; investigador y analista político.

1912 a España para que lo protegiera) estaba gobernada por los franquistas desde el primer minuto del alzamiento de los militares golpistas contra la República española, exactamente desde el 17 de julio de 1936. Cualquier expresión crítica contra el régimen dictatorial en vigor estaba prohibida y se castigaba tan duramente como en Madrid, Barcelona o cualquier otra parte de España. El joven Dris, que de la guerra civil sólo sabía que su padre había estado allí y del régimen que el jefe de España era un señor al que llamaban el caudillo o el generalísimo, tuvo cierto día la osadía (inconsciente, desde luego, a pesar de que eso ocurrió unos tres o cuatro años después de la supuesta independencia) de criticar a ese jefe supremo. No recordaba cuál fue el motivo, pero los chavales (todos españoles) con los que estaba le pidieron que se callara la boca:

—Oye, ¿quieres ir a la cárcel o qué?

Uno de los chavales era hijo de militar, y ese dijo algo mucho más preciso:

—Oye, ni los españoles insultan al generalísimo, así que ten cuidado con lo que dices.

Dris no hacía política, ni sabía qué era eso, pero sí sabía que los españoles ya no podían hacerle nada, aunque fuesen militares. Se acordó en ese momento del guardia civil. No le gustó para nada el tono de ese chaval y, como él también tenía un genio que de vez en cuando le podía hacer hervir la sangre, y como ya había tenido problemas con el chaval aquel y ninguno de los dos simpatizaba con el otro, aprovechó la ocasión y se encaró con él:

—Oye, yo digo lo que me da la gana, y si no estás contento, te vas a tomar por culo.

—Te vas a tomar por culo tú, moro de mierda.

Naturalmente, no los dejaron liarse a puñetazos, pero ese insulto de «moro de mierda» se le quedó grabado en la memoria como un grano purulento. Y también la idea de que criticar a los mandamases no estaba permitido.

Otro aspecto que limitaba la alfabetización cultural era que no había bibliotecas en Tetuán, aparte de la Biblioteca General, que era para personas mayores y gente ya bastante alfabetizada culturalmente, con un nivel importante de estudios y conocimientos. No era para adolescentes del tipo de Dris y la mayoría de los habitantes del Barrio en aquel entonces. La segunda biblioteca era la de la Mission Culturelle Française, con obras todas en lengua francesa, vedada, por lo tanto, para los que desconocían esa lengua, es decir, casi todo Tetuán. Después había dos o tres bibliotecas privadas que nadie conocía (excepto los dueños y algunos amigos suyos).

Pero sí había cines, porque los cines, además del aspecto artístico y cultural, eran un negocio que hacía ganar dinero. Había seis salas de cine, una cantidad importante comparada con los apenas 50.000 habitantes de la ciudad. La gente iba mucho al cine. A Dris le resultaba imposible calcular la cantidad de mentiras que él y su hermano Mohamed les contaron a su padre y a su madre, y a sus hermanas para poder obtener el dinero de un billete de cine, y la cantidad de pesetas que les sustrajeron a su madre o a sus hermanas al hacer las compras en el mercado. El hecho era no fallar ni un solo domingo en ir al cine, cualquiera que fuera la película proyectada.

¿Qué más había para alfabetizar culturalmente a aquel pobre pueblo de Tetuán? Pues, sinceramente, Dris no se acordaba de nada más.

Es sabido que toda alfabetización cultural adquirida representa siempre una plusvalía intelectual. Un grado o bastantes grados más en el capital cultural. Y es sabido que las condiciones en las que se adquiere tienen un papel importante en la calidad de esa plusvalía intelectual. Por ejemplo, cuando Dris veía una película del lejano y fabuloso oeste, no tenía ni idea de dónde quedaba eso, ni cuándo ocurría, ni por qué razón. O era de manera vaga y nebulosa. Tampoco se enteraba del trasfondo histórico, geográfico, religioso de una película como *Sansón y Dalila,* o de otras sobre malvados negros llamados *Mau-Mau,* etc. Esa plusvalía existía, pero era raquítica, por no decir que, más que formar, deformaba.

Dris y sus hermanos veían muchas películas (no sus hermanas, que iban muy poco al cine), pero eran demasiado jóvenes, muy ignorantes y estaban muy poco alfabetizados culturalmente para poder comprenderlas. Ni su padre ni su madre (cuando volvieron los dos de las alturas de Buhamed) les aconsejaban u orientaban para presenciar las obras que hubiesen correspondido a su edad. Ni el uno ni la otra iban al cine, pero tampoco se preocupaban mucho, porque lo que los cines ofrecían seguía siendo lo que Franco, el general dictador, y los suyos permitían, es decir, seguían siendo exclusivamente las películas en lengua española que se proyectaban en España: mucho peliculón del glorioso oeste estadounidense, mucho Cantinflas del México de esos años, mucho *Marcelino pan y vino* y mucho *NO-DO* (Noticieros y Documentales, para quien no lo sepa). O sea, ningún temor de algún que otro desvío moral o políticamente indeseable.

Los libros —o más generalmente las lecturas— eran otra posibilidad de alfabetización cultural, de cierto desarrollo de la capacidad de conocer, de reflexionar, de analizar. ¿Qué libros se podían leer para ir alfabetizándose culturalmente? Novelas rosa y novelas del oeste. Había una librería interesante en el Ensanche, la Librería Alcaraz, donde se podían encontrar y comprar libros con cierto poder alfabetizador —al menos, eso suponía el viejo Dris—, pero ese establecimiento era zona estrictamente prohibida para Dris, su hermano Mohamed, su amigo Larbi e incluso Miguel, porque sólo de pasar por delante y ver la elegancia de los clientes y el bonito escaparate y los bonitos colores y los bonitos libros expuestos y sus bonitos precios, se iban corriendo para otro sitio. Esto sin contar con que en su casa su padre no leía (aparte de las informaciones deportivas en el *Diario de África* o el *España*) y nunca le trajo a su esposa algún opúsculo, porque eso no era lo suyo. Su madre sí leía todo lo que podía, pero ella no salía, no compraba, sólo leía lo que había en casa, a saber: algunos ejemplares dejados por la abuela Josefa y Eduardo (siempre rosa y oeste) más algunos otros de segunda mano que con el tiempo empezaron a traer Amina, Mohamed y Dris, cambiándolos con los viejos que poseían en un quiosquito del Barrio. Muy de tarde en tarde lograba ahorrar algunas pesetas y se compraba un libro nuevo en un quiosco del Ensanche, en la plaza Muley Mehdi (antigua plaza Primo de Rivera, que todavía algunos viejos en Tetuán llaman *plasaprimo).* Siempre era alguna fabulosa historia del oeste. La leía él y la leía su madre y no recordaba si Mohamed, el hermano, también lo hacía. En cualquier caso, ese libro nuevo permitía hacer cambios interesantes en el quiosco del Barrio, entregando uno y llevándose dos.

También leían tebeos: *Tarzán, Miki el Ranger, El Jabato, El Capitán Trueno,* muchas historias de hadas, princesas y madrinas, historias de piratas, etc.

Esas lecturas reforzaban la capacidad imaginativa y abrían la mente sobre países y realidades que la analfabetización cultural sola no permitía vislumbrar. Menos da una piedra, hijo, diría Paquita, pero, desde luego, no eran el Dorado de la alfabetización cultural. Es más, en general, transmitían únicamente ideas conservadoras que iba chupando el joven Dris sin darse cuenta. Lo mismo su hermano y sus hermanas, porque ellas también se animaban a abrir libros y tebeos.

En conclusión, la gente del Barrio no tenía muchas posibilidades de subir muy alto en la alfabetización cultural, pero Dris y sus hermanos varones no lo hicieron demasiado mal a pesar de todo. Las chicas, ya lo sabemos, le pusieron voluntariamente el freno de mano, pero ellos no, ellos siguieron a trancas y barrancas.

Así que Dris pudo alfabetizarse culturalmente un poco de 1959 a 1963, a pesar de que en el Barrio había pocas posibilidades (a nivel familiar e institucional) que ayudaran a subir peldaños en educación, en saber, en formación, en capacidad de ver más allá de sus propias narices. Pero él había tenido la gran suerte de aterrizar en el colegio mixto franco-marroquí Chrichar. La suerte no era porque el colegio fuera franco-marroquí, sino porque allí había excelentes maestros que le hicieron vislumbrar algo así como un porvenir. Él se acordaba de tres en particular: el joven francés Vasse, el señor Akhrif y el señor Uriaghli.

El último de los citados fue su profesor en el «curso elemental segundo». Durante los siguientes años, venía a charlar con él y otros chavales en los recreos y les preguntaba cómo les iban los estudios, qué tal en su nueva clase, incluso dónde vivían y cómo eran sus padres. No olvidaba a sus antiguos alumnos, al menos a los que él consideraba buenos elementos. A Dris le preguntó un día qué pensaba hacer de mayor, y él no supo responder, porque no sabía qué profesiones existían en la vida, aparte de las que conocía de vista o de oídas, como maestro, policía, intérprete y quizás alguna más que no se atrevía ni a mencionar. Y entonces el señor Uriaghli le dijo:

—¿No te gustaría ser profesor? Tú tienes muchas capacidades para ser profesor de francés.

Le gustó esa idea en la que nunca había pensado, pero respondió que no sabía, porque le dio como vergüenza reconocer que, en efecto, le gustaría ser tan importante como el mismísimo señor Uriaghli, al que la mayoría de los alumnos adoraba, porque era muy justo y sabía hablar con ellos y animarlos, a pesar de que también él utilizaba el castigo físico cuando consideraba que alguien lo había hecho muy mal.

Y fue el señor Uriaghli el que, de alguna manera, lo salvó, junto con otros tres compañeros de clase. El último año de primaria esos cuatro alumnos pasaron su examen final en el liceo Muley Youssef de Rabat, al que desde el Ministerio de Educación nacional enviaban a los mejores de las escuelas franco-marroquíes de todo el país. Se suponía que si aprobaban iban a ir al internado de ese liceo con una beca. Aprobaron, pero cuando se presentaron en octubre de 1959, les dijeron que no estaban inscritos en el internado. ¿Qué había pasado? Pues que el director de la escuela Chrichar (que ya no era *monsieur* Dufour, sino un marroquí) no envió sus solicitudes a la delegación del ministerio. Ellos las habían rellenado y estaban ilusionadísimos con eso de ir a estudiar nada más y nada menos que a la capital. Pero se tuvieron que volver con el rabo entre las patas, sin saber lo que había pasado ni qué iban a hacer.

En Tetuán intentaron desesperadamente matricularse en el liceo Qadi Ayad (el único para moritos entonces) y fue imposible, porque no solamente ya no había sitio, sino que el plazo de inscripción hacía bastante tiempo que había finalizado. Entonces, se les ocurrió ir a ver al señor Uriaghli, que entretanto había sido ascendido a delegado del Ministerio de Educación Nacional en Tetuán. Y él los envió a los cuatro con una notita al colegio de la Alianza Israelita Universal[23]. El director, *monsieur* Thiébaut, judío francés, los recibió amablemente y los matriculó a los cuatro. A partir de entonces, la alfabetización cultural de Dris emprendió derroteros más firmes. A partir sobre todo de 1962, él ya no sólo leía novelas del oeste y novelas rosa, sino también grandes autores franceses e ingleses, y, además, adquiría conocimientos geográficos, científicos, históricos… que le iban abriendo los ojos y la mente. Pero muy poco a poco.

Y es que Dris asimilaba los conceptos, las nuevas ideas, la dimensión de los fenómenos de toda naturaleza con mucha calma. No pillaba las cosas a la primera, necesitaba su tiempo, y no sólo su tiempo, sino su tiempo de reflexión solitaria. Dicho de otro modo, tenía una inteligencia lentísima, como una tortuga, una inteligencia que, si llegaba, lo hacía tarde y, a veces, demasiado tarde. Por eso, no se daba muy bien cuenta de en qué mundo vivía y no era capaz de analizar lo que estaba ocurriendo a su

---

[23] La escuela (más tarde colegio) de la Alianza Israelita Universal fue creada en 1862, justo después de la guerra de Tetuán. En un primer tiempo estuvo ubicada en plena judería, después cambiaron su emplazamiento al Ensanche y aumentaron notablemente sus capacidades y sus programas, pasando de ser una escuela de formación profesional a escuela primaria y colegio, aplicando exactamente el mismo currículo de las escuelas y colegios de Francia (ver referencias en «Alliance israélite Universelle», en Google).

alrededor. Las cosas pasaban y él únicamente veía esas cosas en sí, no era capaz de relacionarlas con otros acontecimientos o hechos, como una concatenación de fenómenos que eran causa y efecto unos de otros, contrariamente a su amigo Larbi (de esto hablaron los dos mucho tiempo después). Es verdad que con los años y la adquisición de más conocimientos, la lentitud parece que se le hizo menos lenta, como si a la tortuga le hubiesen salido patas de liebre y pudiese dar pasos más largos y más rápidos. Pero nunca como los de una verdadera liebre, porque el caparazón seguía siendo el de una tortuga.

Esto de la lentitud no sabía de qué manera explicarlo, pero se acordaba de algo que le ocurrió hacia el final de su etapa de cabrero, cuando ya apenas les quedaban animales que llevar a pastar (en esa época lo hacían alternativamente, o juntos, él y su hermano Mohamed). A él le encantaba el fútbol, y cuando veía un partido, se olvidaba de todo para poder presenciarlo, ya que no podía jugar porque era muy pequeño para vérselas con jugadores bastante mayores. Un mediodía de algún domingo seguramente vio que, en un terreno cerca del aeropuerto de Saniat R'mel, iban a jugar dos equipos con su equipamiento completo, unos con sus camisetas rojiblancas y otros con camisetas azules. Las camisetas le daban al partido como un aire de importancia, de cosa seria y bonita, así que el pastor se olvidó de sus animales y se quedó ahí de pie mirando el partido.

Hacía un calor tremendo. El sol achicharraba, pero él no se daba cuenta, sólo le interesaba el partido. Cuando este finalizó, se acordó vagamente de sus cabras. Pero aparecieron otros jugadores con otras camisetas rutilantes y, entonces, se olvidó otra vez de las cabras y se quedó mirando bajo el mismo sol que le achicharraba el cuero cabelludo sin él darse cuenta. Se acordaba de que cuando todo acabó definitivamente ese día, tenía la cabeza como pesada, como si le hubieran puesto en el cerebro dos o tres kilos de plomo. Buscó sus cabras y no las encontró. Entonces se fue a casa y estaban en su barraca: Mohamed las había llevado, pero él ni se acordaba, cuando estaba mirando los partidos, de que su hermano lo había acompañado ese día.

Enfermó y estuvo en cama no recuerda cuántos días. Después, durante un tiempo que tampoco sabía definir cuánto duró, tuvo la impresión de que muchos acontecimientos y hechos de los que se acordaba antes de esos partidos habían desaparecido de su memoria. Y de que no comprendía muchas cosas. Y de que seguía teniendo un peso dentro de la cabeza, hasta que poco a poco fue desapareciendo esa impresión. Sin embargo, muchísimos eventos (de los que su hermano Mohamed se acuerda) nunca más su memoria los volvió a recuperar.

En fin, pensaba el viejo Dris, esa fuerte insolación a lo mejor tuvo un efecto y a lo mejor no, el hecho es que su inteligencia era la que era: una tortuga con patas de liebre.

Otra razón de por qué su alfabetización cultural no carburaba como hubiese podido ser era que estaba como descuartizado entre la ilusión que imprimía a sus esperanzas su alfabetización cultural (incipiente, de todos modos) y el aplastamiento en tierra de esas mismas esperanzas atenazadas por su indigencia material.

La analfabetización cultural o, si se quiere, el mantenimiento en la ignorancia cultural de una amplia franja de la población mediante una política consciente de los poseedores del poder político y económico significaba, en el Barrio y en el mundo entero, su mantenimiento en la pobreza general. La analfabetización cultural es, y siempre será, el resultado de esa política de creación de pobreza. Persistirá mientras existan la explotación y la injusta distribución de las riquezas, que son su primera y fundamental causa.

El único lujo alfabetizador que Dris y sus hermanos pudieron ofrecerse en esa época fue el cine, a base de pequeños hurtos y grandes mentiras.

La falta de medios materiales un día sí y otro también, un mes sí y al siguiente igual, y cada año sin una peseta ni un franco para satisfacer los deseos más básicos en un entorno social en que el dinero era el elemento que más poder e importancia le daba al individuo, esa falta acababa grabando en el corazón frustraciones profundas. En los sentimientos y los pensamientos del joven Dris se iban acumulando esas frustraciones como dolorosos granos de arena en sus entrañas. Y eso le estaba ocurriendo precisamente durante su época adolescente, en la que las ilusiones y las esperanzas y las ganas de volar son, en general, y eran para él las más intensas.

Así pues, era pobre. Era uno de los millones de individuos mantenidos en la indigencia y la ignorancia. Evidentemente, él no sabía por qué, lo que añadía a su cotidiano desasosiego interno. Lo que sabía era que justo por culpa de su pobreza no podía hacer decenas de cosas. Sus ilusiones nacían en sueños y morían en el acto, por no decir que ya nacían muertas. Por ejemplo, vestirse bien, con ropa de calidad, ya que en el Tetuán de esa época ir elegantemente ataviado era sinónimo de chico de buena familia, bien educado y bien alfabetizado, respetuoso con sus padres y con las personas mayores. Otro ejemplo imposible de realizar era viajar; visitar y conocer lugares que estaban a más de treinta kilómetros, como Ceuta, Tánger o Chauen era, permanentemente, un deseo inalcanzable, por lo tanto, una frustración que se iba solidificando cada día más en su cerebro. Un tercer ejemplo era tener novia; en su caso, esto se debió en parte a su timidez, pero sobre todo a esa falta de dinero, porque algunas chicas, haciéndolo lo más disimuladamente posible, lo buscaban, pero él no tenía ni para pipas. ¿Cómo iba a poder salir con una chica? ¿A qué la podía invitar? ¿Qué le podía ofrecer? Estrictamente ríen, dicen los franceses. Y todo el mundo sabe (bueno, los que han podido estudiar y se han alfabetizado culturalmente) que las relaciones sentimentales en la adolescencia son fundamentales para el crecimiento intelectual y moral, y para el equilibrio psicológico. Así que el viejo Dris pensaba, en su poyo frente al estrecho de Gibraltar, que él seguramente llevaba encima un complejo del que ni era consciente.

Pero el complejo del que sí se dio cuenta fue el de pobre. El complejo de pobre lo arrastró durante bastante tiempo, hasta que se fue a Francia a continuar sus estudios y tuvo la suerte (otra suerte en su vida) de encontrarse con un mayo del 68 en pleno apogeo. Pero en el Barrio, y después en Casablanca, sólo sabía que no podía porque no tenía.

El descuartizamiento moral entre ilusiones que querían vivir y frustraciones asesinas lo sumergió en una profunda y larga depresión de la que no era consciente y de la que nadie en su casa se enteró, porque entonces ni se sabía en ese entorno pobre e ignorante lo que era una depresión. Y en octubre de 1963 dejó de ir al colegio. Ya había obtenido su segundo diploma en junio de ese año, el certificado de estudios secundarios, pero después de las vacaciones de verano se sintió sin ganas de nada. Nada de nada. Sólo estar echado, descansar, no actuar, dejar vagar su imaginación sin el esfuerzo de reflexionar. Ideas que iban y venían como solas, sueltas, sin dueño. A cualquier atisbo de pensamiento salpicado de un mínimo de responsabilidad que le atravesaba el cuero cabelludo como, por ejemplo, *«bueno, chaval, ¿a dónde vas a ir así?, ¿acaso vas a abandonar definitivamente los estudios?»*, él le respondía con la normal displicencia de un depresivo *«a tomar por saco todo»*.

Perdió ese año escolar, se ganó el enfado de su padre Mohamed, la desesperación de su madre Paquita y la estupefacción de sus hermanos y hermanas, y seguía evidentemente con su depresión, porque nada había cambiado. ¿Nada? Algo había cambiado: Asusa se había casado en 1963 con un maestro y se había ido a Casablanca a vivir su nueva vida. Y ese verano vinieron los nuevos desposados a pasar las vacaciones en Tetuán, como muchos otros veranos posteriores. El marido (que era de la región de Rehamna) había estudiado Magisterio en Marrakech y le habían dado un puesto de maestro en Casablanca. No le gustó nada eso de que el joven Dris hubiese abandonado los estudios. Lo habló con él e hizo mucho más: el Haŷ Si-Milud[24] le propuso ir con ellos a Casablanca a continuar los estudios, cosa de la que le estará agradecido toda su vida. En esos momentos, sin embargo, no sabía si decir sí o decir no, porque no sabía si iba a poder retomar el ritmo de estudios que llevaba en su casa —algo caótico, en verdad, pero estudios de todos modos—. En sus entrañas seguían luchando la ilusión, que lo izaba hacia bonitos

---

[24]   El Haŷ Si-Miloud Bouhifd murió el 5 de enero de 2021, en un hospital de Casablanca. Estaba enfermo del corazón y es posible que su enfermedad se haya complicado por el positivo que le diagnosticaron del COVID-19. Descanse en paz.

horizontes multicolores, y la dura verdad de su pobreza, que lo aplastaba contra el suelo. Finalmente, aceptó la oferta con cierto desánimo y bastante miedo de no poder estar a la altura.

En Casablanca se matriculó en el novísimo lycée Lyautey (que abrió sus puertas por primera vez en octubre de 1964 en la calle Ziraoui), porque otros dos liceos marroquíes lo rechazaron (el liceo Muley Abdelah y el liceo Mohamed V).

Su cuñado vivía en el barrio Bin Lemdun, contiguo al de Aïn Chok, es decir, muy lejos del barrio Bourgogne en el que estaba ubicado su liceo. Tenía que coger dos autobuses y librar cada mañana una feroz lucha con los demás escolares para no quedarse indefinidamente en tierra. Y eso acababa cansando. No tenía amigos, mucho menos amigas, ni ganas de ir a sitios para conocer a gente y entablar relaciones. Su padre (que ya casi no le hablaba) accedió a pagarle lo estrictamente necesario: el dinero mensual del autobús, el dinero para cuadernos y demás avíos de un escolar y un cero patatero de suplemento. Por cierto, fue Si-Milud quien intercedió para esa concesión que hizo Mohamed padre, el cual había dicho en un primer momento que él no soltaba nada de pasta:

—¡Que se pague él sus estudios si quiere estudiar!

Y lo más importante: en el liceo Lyautey había chicos y chicas pertenecientes a cierta clase media alta, la grandísima parte de ellos franceses y muchísimos de ellos y ellas con sus bonitas motocicletas (había un gran *parking* para las motos en el liceo), por lo que Dris se reencontró con su problema de mucho tiempo atrás: su complejo de pobre. A causa de eso no podía tener relaciones con chicas, porque las había que, tal como dicen los franceses, le hacían los ojos dulces, venían a charlar con él, bromeaban, reían…

Pero él sabía que, para poder salir con cualquiera de ellas, necesitaba dinero, y por no tener no tenía ni para un caramelo de mala muerte con el que endulzar el amargor de aquella insípida vida.

A pesar de todo, obtuvo su bachillerato y se matriculó en septiembre de 1967 en la Facultad de Letras de Burdeos. La institución que en Marruecos se llamaba Mission Culturelle Française aceptó matricularlo y ofrecerle una pequeña beca con la condición de que el primer año de estudios universitarios lo hiciera en un anexo de la citada facultad bordelesa, un anexo instalado en el lycée Descartes de Rabat. Dris quería estudiar filosofía, pero en el anexo sólo se impartían clases de primer año universitario de literatura francesa, historia–geografía, lengua–literatura inglesas y lengua–literatura españolas. No había filosofía.

Así que, como no tenía ganas de esforzarse mucho y no podía escoger la materia que más le hubiese gustado cursar, optó por lo más fácil para él: lengua y literatura españolas. Todavía con su depresión a cuestas. Y con su depresión a cuestas aprobó ese primer año, y el primer día de julio de 1968, con el importe exacto de su última beca, se fue para Francia en autostop, pasando naturalmente por España. Todo ello sin haber hablado con su padre Mohamed, a pesar de que Paquita le rogó que fuera a pedirle perdón.

Capítulo III

# FRANCIA, CÁRCEL
# Y AÑOS ESPAÑOLES

Cruzó España en autostop con un joven francés, cuyo nombre lamentaba no recordar y que lo recogió a la entrada de Motril. Fue deambulando por varias ciudades francesas en busca de trabajo y llegó por pura casualidad a Aviñón. Se fue a buscar alojamiento en un albergue de jóvenes, pues era lo más barato. El albergue, situado en la isla de la *Barthelasse*[25], estaba lleno a rebosar, pero, como era «le festival», le dijeron, habían instalado varias tiendas de campaña, individuales y colectivas, que por cierto costaban menos. Mejor que mejor, pensó Dris, porque ya casi no le quedaba nada de dinero.

En Aviñón hubo suerte: al día siguiente de su llegada encontró trabajo en una pequeña fábrica que hacía banastas para frutas. Y pasó allí dos meses descubriendo novedades.

Los jóvenes y las jóvenes con los y las que se encontró eran sencillos, claros, solidarios. Chicos y chicas venidos de todos los países de Europa, Australia, Japón, Estados Unidos, etc. Todos críticos con los regímenes burgueses, con la dominación del dinero sobre las consciencias y los comportamientos de las gentes. Todos y todas favorables a la revolución, pero la mayoría (y esto lo comprendió Dris muchos años después) no sabía muy bien qué revolución. Allí perdió él su complejo de pobre. Allí supo que ser pobre no era un pecado ni una enfermedad que era necesario esconder por temor a que lo criticaran o rebajaran su autoestima como individuo.

¡Qué fácil y qué bonito hubiera sido hacer el amor en Aviñón, en pleno mes de julio! Pero él no supo cómo hacerlo. Era guapo,

---

[25] El Ródano, a su llegada a Aviñón, se divide en dos brazos (que se vuelven a encontrar un poco más lejos), formando una islita encantadora, prácticamente desierta, excepto ese albergue (en aquel entonces).

ya se lo habían dicho varias vecinas en el Barrio. Y, además, tenía cara de bueno (esto se lo decía mucha gente y, por tanto, él lo creía) y sus conversaciones con los demás en ese ambiente eran interesantes y hasta exóticas, porque él era «arab», pero hablaba bien francés, español y árabe, y chapurreaba un poco el inglés. Entonces varias chicas se le acercaban. Él recuerda en particular a una italiana guapísima que venía a charlar con él cuando volvía por la tarde de su fábrica de banastas. Le preguntaba cosas y le sonreía. Él también le preguntaba cosas y le sonreía, pero allí paraba, ya no sabía cómo seguir, a pesar de que estaba seguro (digamos casi seguro) de que ella venía a verlo a su tiendecita individual para algún tipo de relación íntima.

Sin embargo, él llevaba a cuestas un problema muy gordo. Más bien, un doble problema. Primero, su timidez y segundo, su visión de las relaciones chicos-chicas y del amor. Sobre todo, esto último.

Es posible que sus padres hayan tenido alguna parte de culpa en el espanto que le entraba por los poros del cuerpo cuando tenía que ver a algún desconocido o a alguna desconocida. Ante todo, cuando tenía que hablarle. A él y sus hermanos los educaron sin contacto con personas mayores. Su madre Paquita no visitaba a nadie y su padre Mohamed tampoco. Ni siquiera a miembros de sus respectivas familias. Cuando estaba ante una persona mayor, Dris no sabía de qué manera tenía que saludar, qué palabras o frases decir. El hecho era que siempre sentía como miedo de dirigirse a personas mayores o que no conocía bien, como si temiese molestarlas, o que le regañasen, o que se rieran de él por hacer el ridículo. No se explicaba por qué razón, ya que él no razonaba, precisamente, sólo sentía esa fuerte reserva que lo echaba para atrás.

Quizás, la severidad de su padre tuvo también algo que ver. Su padre Mohamed, se acordaba Dris, era muy alegre, jovial, jugaba con todos sus hijos e hijas en los primeros tiempos de bonanza en la huerta. Pero cuando empezaron a llegar las dificultades, sus comportamientos también cambiaron: ya no les hacía cosquillas, ya no jugaba con ellos, ya no reía con ellos, ya no les traía dulces y pasteles. Cuando todo se puso feo Mohamed se puso demasiado serio, demasiado severo, demasiado callado y con los labios siempre demasiado apretados. En casa no les hablaba a sus hijos, ni siquiera a su mujer. A Dris y a Mohamed les preguntaba si habían realizado lo que les ordenó realizar. Si era que sí, no pasaba nada; si era que no, les regañaba y, a lo mejor, les daba algunos azotes. La relación que se estableció a partir de entonces entre Mohamed padre y sus hijos fue de temor y silencio. Había mucho silencio. Demasiado silencio. Y mucho miedo de los hijos e hijas de que su padre se enfadara por cualquier motivo, porque, entonces, ya se controlaba con mucha dificultad y gritaba en vez de hablar y a veces les regañaba y les pegaba. Con toda seguridad, Mohamed padre no cesaba de preocuparse viendo como su empresa ganadera se estaba yendo a pique y no podía hacer nada para enderezar la situación: la única salida que encontraba era ese malhumor permanente, seguramente una depresión que nadie conocía, y su colérico silencio.

¿En qué medida esa realidad triste, taciturna y severa influyó en Dris e hizo de él un chico que no se atrevía a hablar con personas desconocidas y, mucho menos, si eran mayores? No lo sabía y no podía asegurar nada de manera tajante, pero así ocurrieron esos hechos y los narró como los recordaba.

En cuanto a la cuestión tan fundamental de las relaciones chicos-chicas, su «educación» fue un fiasco total, lo cual, añadido a su timidez, dio resultados estúpidos, idiotas, insatisfactorios, al límite de lo verosímil.

Dris tuvo una educación sentimental invertida y una educación sexual totalmente inexistente. Por ejemplo, no era que no supiera cómo sentía una mujer, era que él pensaba que una mujer no tenía sentimientos propios, ni sueños particulares e independientes, pertenecientes sólo a ella y que sólo ella podía expresar de manera exclusiva; él pensaba que una mujer era ese ser delicado que se limitaba a esperar a que viniera el hombre a ella, y entonces ella lo rechazaba o se agarraba a él para ser protegida y querida. La mujer no tenía su propia personalidad. Los sentimientos de la mujer dependían de los sentimientos y comportamientos del hombre; eran una simple reacción, positiva o negativa, a los de él.

En consonancia con esta idea, él siempre, desde muy joven, se preguntó, y nunca tuvo la respuesta hasta que salió con Lydia, si una mujer sentía placer cuando hacía el amor. En su cabeza rebullía algo así como una imagen de que la mujer era un simple receptáculo de lo que le traía, le llevaba, le entregaba el hombre. Y era, como ya se ha dicho, un ser sumamente delicado y frágil, por lo que cualquier cosa podía romperle el corazón.

De modo que, cuando esa italiana tan bella y tan simpática venía a su tienda a decirle «hola», él no sabía cómo reaccionar, no sabía qué tenía que hacer o decir para poder acariciarle el pelo castaño y liso, para poder besar sus labios ligeramente pintados, para poder pasar sus dedos por sus senos medio desnudos. Hasta 2021, por lo menos, seguía dándose de bofetadas mentales retrospectivas cuando pensaba en esa chica y en su ineptitud (la de él), en su inexperiencia, en su timidez, en su melindrosa estupidez. Ni siquiera cuando ella lo invitó un domingo a ir a pasear por los senderos umbrosos y desiertos de la *Barthelasse* se atrevió a cogerle la mano, porque se decía a sí mismo que, quizás, eso la enfadaría o la molestaría. Además de que, claro, hacer el amor así, casi de golpe y porrazo, incluso sólo besarla sin jurarle eterno cariño, eterna protección y eterno matrimonio, eso… Eso era como aprovecharse de esa chica guapa, para decirle después «si te he visto, no me acuerdo». Él no se atrevía. Él no se atrevió. A partir de ese día, ya no vino más a su tiendecita a decirle «hola».

Hubo otra chica, francesa, de París, llamada Colette. Era la hermana pequeña de Brigitte, de la que se hizo amigo durante bastantes años. Ella también, la pequeña Colette, antes que la italiana, le hizo a Dris los ojos dulces, pero él no reaccionó favorablemente. Y es que, además de toda esa visión torcida que él tenía de lo que era una mujer, conservaba en su mente otras ideas bastante anticuadas. Ideas que, esas sí, eran producto inmediato de la mentalidad en la que había crecido y en las que, hasta esos momentos en esa islita del Ródano, seguía pensando que eran las moralmente correctas, las que respetaban los sentimientos y el honor incluso de las mujeres. A saber, que hacer el amor era algo extraordinariamente importante, no como acto de placer mutuo, sino como algo sublime que debía ser la culminación de un largo proceso de conocimiento y, sobre todo, que comprometía para toda la vida a ese hombre y a esa mujer. Hacer el amor significaba jurar matrimonio y fidelidad y eso comprometía ante todo al hombre, porque él debía tener la iniciativa en todo el proceso. Hacer el amor porque el acto sexual era y debe ser un acto libre de placer, eso Dris aún no lo había asimilado.

Como no reaccionó favorablemente a los dulces ojos de Colette, ella fue a refocilarse alegremente con otro joven que la andaba camelando. Y ese sí acabó haciendo el amor con ella.

Colette no era tan guapa como la italiana, pero tenía un bonito cuerpo y era alegre como un sol de primavera. Dris no se daba tantas bofetadas retrospectivas cuando pensaba en ella, pero qué bonito hubiera sido gozar de ese cuerpo suyo y de esa alegría suya, y hacerla gozar y reír.

Algo sobre relaciones sexuales fue aprendiendo a pesar de todo en ese entusiasta y alegre festival de Aviñón. La idea de que era normal que dos personas hiciesen el amor por puro placer se le apareció de pronto como una iluminación súbita, pero no pudo aún ponerla en práctica entonces. Menos da una piedra, hijo, le habría dicho también en esta ocasión Paquita si él hubiese evocado estos temas con ella. Pero era imposible, porque con Paquita no se hablaba de sexo, era un tema totalmente excluido. Y es que en la mentalidad ambiental de todo Tetuán, tanto entre moros como entre cristianos, yacía la maligna idea de que los actos sexuales eran sucios, inmorales, pecaminosos. Tratar esos temas significaba adentrarse en mundos inmundos. Los actos sexuales sólo eran lícitos y perdían su veneno pecaminoso (como si los lavaran con lejía) cuando los bendecía un cura, un adul, un rabino o cualquier otro representante oficial actuando en nombre de la sociedad.

En la isla de la *Barthelasse*, con los chicos y chicas de 1968, no eran necesarios procesos largos, ni compromisos y juramentos, ni curas, ni adules, ni rabinos, ni la madre que los parió, pero Dris no se enteró. O quizás sí, pero no se atrevió.

Aparte de la cuestión sexual, algo en limpio sacó de esos dos meses: asistió los sábados por la tarde y los domingos a numerosas representaciones teatrales, a actos de danza clásica, a bellas películas de las que sólo recordaba que le entusiasmaron, etc. Allí conoció por primera vez a François Truffaut y a Jean-Luc Godard, entre otros, y pudo admirar gratuitamente, maravillado, las actuaciones del *ballet* de Maurice Béjart.

Después, ya en Toulouse, que le encantó como ciudad y en cuya facultad se matriculó, se encontró en un ambiente que era en algunos aspectos una suerte de continuación del festival de Aviñón, pero mucho más politizado. En los campus no cesaban los mítines y las reivindicaciones. Por cualquier cosa se decretaba una huelga y todo el mundo obedecía y la mayoría asistía a los actos explicativos, en los que teóricamente se debatía el asunto y se debía decidir democráticamente la continuación o no de la acción. Se discutía mucho, a veces se pasaban noches enteras durmiendo *in situ,* parloteando sin cesar, pero sin entenderse nunca, sin llegar jamás a acuerdos.

Su encuentro con la efervescencia política y cultural del mayo del 68 francés le abrió los ojos, le permitió tener numerosos amigos y amigas, empezó a ver horizontes y se sacudió de encima su depresión —o a lo mejor se fue ella sola—.

Pasó dos años estudiando y gozando de la vida. En esos dos años conoció a muchas chicas, pero no salió con ninguna, porque su timidez le seguía susurrando que eso significaría algo muy serio. Y ya, al final de esos dos primeros años, conoció a una guapa joven inglesa, cuya risa contagiaba a todo el que estuviera cerca y cuya minifalda le quitaba el hipo a Dris y le hacía soñar maravillas. Ella iba generalmente con un grupo de estudiantes ingleses, pero un día del mes de abril de 1970 que la vio sola en el restaurante universitario de l'Arsenal, se atrevió a ponerse cerca de ella, le dijo «hola», sonriendo, y ella respondió «hola», sonriendo, y hablando en francés, claro.

—Me llamo Dris.

—Yo soy Lydia.

—Eres inglesa, ¿verdad?

—Sí. Y tú eres español, ¿no?

—No, yo soy marroquí.

—No lo pareces.

Se dijeron algunas cosas más y la invitó a ir con él a uno de los numerosos bailes que organizaban los estudiantes. Ella aceptó de inmediato. Fueron novios hasta junio de ese bendito año 1970 y con ella supo él definitivamente (unos días después de la fiesta aquella) que a la mujer le eran tan necesarios y tan placenteros los actos sexuales como al hombre. Antes incluso de dormir juntos, ella se lo dijo de manera muy sencilla, contándole que había hecho el amor por primera vez durante las vacaciones de 1969, en Londres. Estaba con una amiga en un *pub*, donde un joven las abordó. Hablaron, le propuso a ella que pasara la noche con él; ella aceptó, copuló por primera vez en su vida a los veintidós años cumplidos y le aseguró a Dris que le gustó mucho. Posteriormente, ella buscó a ese joven para seguir copulando. Entonces, Dris, confesión por confesión, la invitó a pasar la noche con él, diciéndole que iba a ser la primera mujer con la que iba a hacer el amor por primera vez en su vida[26]. Eso a ella le hizo gracia y, en todo caso, los excitó a los dos.

---

[26] Él ya sabía más o menos lo que era hacer el amor, pero con chicos, nunca con una mujer antes de esa primera vez con Lydia.

Pasaron dos meses espléndidos, tiernos y calientes, cariñosos e impetuosos. En junio, él ya con su tercer diploma en el bolsillo (la licenciatura), Lydia le pidió que la llevase con él a Marruecos. Pero él sabía que ni su madre Paquita ni su padre Mohamed aceptarían que trajese a su novia a casa, porque una novia no es una esposa, con la novia no se hace el amor. Y, por otra parte, él no tenía dinero para pagarle un hotel, ni ella tampoco, porque los dos eran becarios y las becas no se las pagaban durante los tres meses de vacaciones que existían en aquellos tiempos. Se lo dijo así, sintiendo en el alma tener que separarse. Él voló hacia Marruecos y ella hacia las Bahamas, donde se habían instalado sus padres. Se escribieron durante algún tiempo. Después, decidieron de mutuo acuerdo que era mejor parar su relación, ya que no era posible encontrar algún sitio (con lo grande que es el planeta Tierra) donde pudiesen vivir juntos.

Unos meses después de separarse epistolar y definitivamente de Lydia, tuvo la suerte de conocer a Lucile.

Antes de salir con ella, a Lucile la veía también en el restaurante universitario. También ella llevaba a menudo, como Lydia, una minifalda que le encantaba al estudiante Dris y le hacía latir el corazón con alegría infinita. La veía, pero se conocieron en septiembre de 1970, en una acción militante a favor de los palestinos, contra su eliminación física por parte del régimen jordano durante ese mes llamado «septiembre negro». Se hicieron amigos y, un tiempo después, novios. Él logró convencerla para que alquilaran juntos un apartamento, pero no fue fácil, porque ella le tenía un odio feroz a toda dependencia de cualquier tipo; de hecho, había abandonado la casa de sus padres a pesar de ser menor de edad (en esa época, la mayoría legal era a los veintiún años), para poder gozar de su libertad política y personal. Como sus padres en esos momentos no le daban nada, tuvo que ponerse a trabajar a media jornada, cobrando una miseria, para poder combinar sus estudios y su subsistencia material.

Durante esos dos primeros años desde su llegada a Francia, al estudiante Dris se le fueron abriendo los ojos y las ideas. Leyó libros políticos e históricos, se interesó por las revoluciones y las luchas de liberación existentes, conoció a militantes de organizaciones francesas, africanas, árabes, asiáticas, etc., y empezó a militar políticamente a partir de ese mismo septiembre de 1970, en que conoció a Lucile y se topó con estudiantes marroquíes con planteamientos que le parecieron suficientemente serios para el futuro de su país. En realidad, los conoció en mayo de 1970, sobre todo a uno de ellos, Mustafá, que venía como buscándolo al comedor universitario y se ponía a hablar con él de la situación en el país. Integró una célula en ese mismo septiembre, el mes en que el régimen monárquico de Jordania, con el apoyo implícito o explícito de Arabia Saudí, Estados Unidos, Israel y seguramente de otros regímenes árabes y no árabes, liquidó una buena parte de las organizaciones palestinas y expulsó de Jordania al resto.

En 1954, su inscripción en la escuela mixta franco-marroquí Chrichar representó el principio de un cambio radical, y en 1968, catorce años después, su descubrimiento de una grandiosa ilusión en marcha representó otro cambio radical, pero quizás más profundo.

En efecto, el desarrollo cultural que había tenido hasta el mes de junio de 1968 había sido bueno en términos, digamos, académicos, pero con poco conocimiento de las realidades políticas, ideológicas, económicas, sociales de los países y las sociedades, realidades en acción que son las que determinan, a fin de cuentas, el futuro de las gentes y, por ende, de la humanidad. Tomar contacto casi físico con esas realidades fue una iluminación y una puerta abierta a realizar la felicidad universal, al menos en su cabeza. ¿Se da uno cuenta de lo que puede representar en la mente de un individuo la convicción de que es posible que exista en el futuro una humanidad totalmente feliz, sin problemas ni dificultades materiales, sin mentiras ni hipocresías? ¿Y que ese futuro se puede alcanzar en un pispás, aunque fuese con muchos esfuerzos, mucho militantismo y muchos sacrificios, acercándose a las clases explotadas, concienciándolas y organizándolas? ¿Qué persona con un mínimo sentido de la responsabilidad, con un pedacito de generosidad en el corazón, con un poquito de empatía con el prójimo, creyendo firmemente en esas ideas y en la posibilidad de realizarlas concretamente, no se apuntaría a trabajar para ese objetivo sublime? Él sí se apuntó en cuanto conoció a ese grupo de estudiantes marroquíes que le parecieron serios y dispuestos a realizar cambios progresistas en su país.

De modo que el joven estudiante pasó de interesarse por la política como una suerte de diletante a desear conocer el mundo y ponerse a cambiarlo. Como es natural, cambiar el mundo en ese ambiente estudiantil exaltado y entusiasmado sólo se podía hacer con un arma ideológica y política: el marxismo, en esos momentos históricos, claro.

Leyó escritos de Karl Marx que lo confirmaron en esa como intuición suya de que las realidades sociales y políticas eran obra humana y no obra divina: Dios no era el autor de la historia, el autor de la historia era el hombre. Por lo que el responsable de las diferencias sociales, de las injusticias, de las masivas ignorancias en el mundo entero eran las políticas impuestas por los dominadores a expensas de los dominados. Descubrió, pues, el materialismo histórico y la lucha de clases como motor del desarrollo, de los avances científicos y tecnológicos, del pensamiento humano. Y descubrió la dialéctica marxista como instrumento de análisis de las realidades sociopolíticas. Y, por supuesto, supo que la clase obrera era la única clase revolucionaria de verdad y la que, por ese mismo hecho, estaba destinada a dirigir la revolución.

Por su parte, el estudiante Dris se convenció de que con el instrumento de análisis que era la dialéctica marxista se podían lograr con toda seguridad los objetivos políticos que su organización determinaba. La revolución que iba a traer la justicia y la igualdad al pueblo marroquí estaba a la vuelta de la esquina, y él era parte del grupo de valientes que iban a trazar el camino del triunfo, el camino por el que iban a transitar las masas entusiastas e invencibles. Porque con la dialéctica marxista como guía no existía posibilidad de equivocarse o de fracasar.

El entusiasmo que lo embargaba era sencillamente fabuloso, y se puso a soñar la revolución en su país, él siempre en la vanguardia junto con sus compañeros, mostrando el camino a las masas explotadas y empobrecidas. Se ayudaba con las lecturas de las luchas de los pueblos de África y Asia, afirmándose a sí mismo que si pueblos como el vietnamita, el angoleño o el yemenita podían, el marroquí también podría. Eso sí, bajo la sabia dirección de su organización revolucionaria: el partido de la clase obrera, del que ellos eran el primer núcleo y la representación más fidedigna.

Dris, sin embargo, no se limitaba a soñar. Se entregó totalmente a la militancia. Ahora tenía un objetivo que iba más allá de su humilde persona. Estaba trabajando para acabar con la explotación y las injusticias en su país, y eso, además de alimentar sus ilusionantes sueños, le daba alas y una fuerza moral que nunca había creído poseer.

Pero sus alas militantes y su fuerza moral se estrellaron contra la realidad, porque la realidad es una puerca asesina de sueños. Lo expulsaron de su bonita organización revolucionaria, porque no quiso separarse de Lucile, primero novia y después esposa. Decía un bocazas de la célula que *«la amiga de nuestro camarada Dris puede ser un peligro policial para nuestra organización»*. Y a partir del momento en que se habla de peligro policial… Bueno, en verdad, él se había ido antes de que lo expulsaran, porque se dio ya cuenta de que algunos militantes que se dicen revolucionarios y hablan mucho son en realidad individuos sectarios, intelectualmente obtusos, muy rencorosos y muy egoístas. Se fue, pues, antes de que lo echaran de mala manera, pero pensando que era una cuestión muy particular, excepcional, limitada a su célula de Toulouse, por lo que volvió algún tiempo después a *Ilal Amam*, estando ya trabajando en Marruecos.

Dris ya no es marxista. Piensa que Karl Marx fue un economista brillante, un extraordinario revolucionario, en la teoría y en la práctica, un filósofo y pensador de los más importantes de la humanidad. Pero sin falsa modestia, Dris salió con una sencilla conclusión de su etapa activa en *Ilal Amam* y de sus lecturas relativas a numerosos regímenes llamados comunistas: Marx se equivocó cuando dictaminó que sólo la violencia podía llevar a los cambios sociales y políticos y a una sociedad plenamente democrática.

Así pues, el viejo Dris piensa que el medio utilizado determina siempre un fin preciso. Si se utiliza la violencia para llegar al poder, el régimen resultante siempre será un régimen violento, nunca un régimen democrático, donde las divergencias se puedan solucionar dialogando.

Pero no-violento no significa iluso o crédulo en la bondad de los poseedores de los medios de producción, de comunicación, de información, de decisión, etc. Los que tienen el poder económico se agarran con todas sus fuerzas y, ante todo, con toda su violencia a su situación. Cuando es necesario, o cuando piensan que es necesario, matan y asesinan, o mandan matar y asesinar para conservarlo y para que nada cambie, para que el dinero, los medios de producción y el poder sigan siendo suyos eternamente. No-violento significa todo lo contrario, significa luchar sin matar, sin asesinar, pero luchar decididamente mediante medios pacíficos para un fin pacífico de igualdad real y de justicia real de todos los individuos y para todos los individuos.

Otro punto en el que piensa el viejo Dris que se equivocó Marx es en la estructura organizativa del partido que estaba como destinado a dirigir la revolución. El partido de la clase obrera debía funcionar según el principio del centralismo democrático. Las dos palabras, «centralismo» y «democrático», son totalmente antagónicas, pues el centralismo es, por definición, antidemocrático, y la democracia es, por definición, anticentralista. La democracia debe estar abierta a la confrontación de las ideas, al debate, a la igualdad básica de unos con otros, mientras que el centralismo impone un sistema de jerarquización, por lo tanto, de dominación de unos sobre otros.

En cuanto empezó a vivir con ella, Dris descubrió que Lucile era una militante ejemplar. Llevaba a cabo su trabajo mal remunerado, sus estudios de lengua española y su militantismo con abnegación y determinación. Sus ideas revolucionarias no eran fruto de la moda —como lo fue para muchos estudiantes—, sino que respondían a una convicción sin fisuras de que era necesario cambiar el injusto y explotador sistema capitalista por un sistema social y económico de igualdad. Era, evidentemente, marxista.

La igualdad debía ser política, económica, social, pero el nuevo sistema también debía garantizar la igualdad entre hombres y mujeres a todos los niveles. Era una feminista convencida y, además de esto, era una mujer a la que le gustaba reír y gastar bromas, estar con amigos y pasarlo bien. En la actualidad, ella sigue luchando contra el capitalismo (el salvaje y el menos salvaje) por un mundo realmente democrático y realmente justo.

Pero volvamos a Toulouse y a ese 1970 en que se conocieron y se hicieron novios ella y el estudiante Dris, porque andando los meses, ella recompuso sus relaciones con sus padres, Max y Suzanne, y les presentó a su novio marroquí. Lo aceptaron muy bien. También se lo presentó a sus dos hermanos (ella era la segunda de tres). A partir de ahí, las relaciones fueron muy buenas, muy agradables con toda la familia. Y cuando Dris volvió a Marruecos en el verano de 1972, habiendo abandonado su organización porque no quería separarse de la mujer que amaba, ella decidió irse con él.

Pudo obtener una plaza de profesor asistente en la Facultad de Letras de Rabat. Entonces, se las arregló para retomar contacto con la organización de la que se había ido, volvió a ser parte de una célula en el verano de 1975 y fue arrestado el 13 de enero de 1976. No lo acusaron de inmediato ni lo llevaron a la cárcel. Lo tuvieron durante siete meses y diez días desaparecido en el *derb*. El objetivo de la policía consistía en torturarlo (y lo hizo, claro, tal como lo hacía con todos los militantes arrestados) para obtener todas las informaciones sobre la organización en la que militaba.

El siniestro lugar llamado *derb*, que todos los militantes democráticos conocían por haber estado desaparecidos en él o por referencias, era una comisaría de Casablanca, situada en un edificio de cinco pisos en el barrio Aïn Borŷa. La tal comisaría estaba supuestamente desafectada, pero en su planta baja y en sus sótanos había centenares de detenidos llevados allí clandestinamente, sin orden judicial. Allí podían permanecer años. Dris pernoctó en el *derb* durante esos siete meses y pico, con las manos esposadas las veinticuatro horas del día, con un trapo tapándole los ojos, echado permanentemente, sin derecho a hablar, sin derecho a lavarse…

Lucile y Paquita fueron infinidad de veces a las comisarías de Rabat y de Casablanca preguntando por su marido y por su hijo, respectivamente, pero siempre les daban largas. La primera vez que fueron a la de Rabat, al día siguiente de su detención, les dijeron: «No, este señor no está en esta comisaría». Lucile les respondió que ella había visto personalmente cómo cuatro inspectores de policía se llevaban a su marido esposado. Entonces, les cantaron otra cantilena: «Pues lo sentimos. Aquí no está, a lo mejor se lo han llevado a Casablanca». Y en Casablanca recibían la misma respuesta: «Este señor nunca ha entrado en esta comisaría».

Claro, no estaba en la comisaría central de Rabat ni en la de Casablanca, estaba en el *derb*, un centro clandestino que había sido una comisaría. Un centro en el que había centenares de personas desaparecidas a las que torturaban día y noche, y a las que sus familiares buscaban a ciegas.

Lucile y Paquita en ningún momento cejaron en su búsqueda mientras estuvo desaparecido.

—A mí, la verdad, hijo mío, es que se me cayó el alma a los pies cuando tu mujer vino y me anunció que la policía te había detenido. ¡Dios mío!, pero ¿qué habías hecho para que te detuvieran? Claro, yo no sabía que tú estabas metido en cosas de política. Cuando tu mujer me lo explicó, me puse a temblar porque a mí lo de los franquistas matando y encarcelando a los que estaban contra ellos es que no se me olvidaba. Y menos mal que Lucile me tranquilizó un poco. La verdad es que sin ella yo no sé qué habría sido de mí. Porque desde el primer momento ella me dio ánimos y me propuso acompañarla a la comisaría para verte. Y yo le pregunté: «Pero, hija, ¿nos dejarán verlo? *«Lo más probable es que no, pero sabrán que lo estamos buscando, que no está solo».* Y yo le decía: «¡A ver si nos meten a nosotras también en la cárcel! Pero mira, ¿sabes lo que te digo? Que nos metan en la cárcel si quieren, yo a mi hijo lo quiero ver, y se acabó». *«No, no creo que nos metan en la cárcel. Tú, porque eres su madre y yo, porque soy su esposa. Tenemos derecho a preguntar por él y a saber dónde se encuentra. Y como somos occidentales, seguramente nos tratarán con ciertos miramientos».* «¿Tú crees?». *«Sí, además yo ya he hablado con algunos amigos para que informen a nuestras embajadas y a algunos periódicos si nos pasara algo».* «Bueno, hija, pues que sea lo que Dios quiera».

Y se iban a buscar al desaparecido Dris.

Paquita le explicaba, cuando él le insinuaba que debió de ser muy duro:

—Mira, hijo, eso de ir dando tumbos por ahí fue una bendición para mí, ¿sabes? En vez de quedarme en casa lamentándome y angustiándome, allá que me iba con Lucile por Rabat y Casablanca. Casi siempre nos daban largas diciendo que no tenían a nadie con tu nombre, pero unas dos veces nos recibió un comisario y nos dijo que estabas bien, que sólo era cuestión de investigación, que ya pronto saldrías. La segunda vez Lucile le preguntó que cuándo exactamente ibas a salir, y él respondió que no lo sabía porque no estaba al cargo de la investigación. Pero, hijo, pasaban los días y pasaban los meses y tú no aparecías, y Lucile y yo con nuestra angustia a cuestas, porque me explicó que lo de la investigación eran torturas para sacarte informaciones sobre tus actividades políticas. Hijo mío, yo es que si no hubiese sido por Lucile, creo que me habría muerto. Tanta era la pena y el miedo que tenía, pero ella nunca se daba por vencida, siempre me daba ánimos, y mucho cariño también, porque estaba al acecho de lo que pudiese faltarme. Ella, a pesar de que tenía su trabajo, pasaba muchas horas conmigo y, por supuesto, con Selam y Jalid. Me contaba cosas de vuestra vida de estudiantes, y eso hacía más llevadera la angustia de saberte detenido y siendo torturado. Así que estábamos todos juntos haciendo piña, porque íbamos a casa de tu hermana Asusa y allí Si-Milud, tu cuñado, se portaba de maravilla, porque, como tu mujer no conocía bien la ciudad, él iba con nosotras y nos guiaba por todas partes. Hasta que apareciste por fin.

Después de tenerlo desaparecido durante más de siete meses, la policía hizo pasar a Dris ante un juez en agosto de 1976, junto con muchos otros militantes. Meses después, los juzgaron a casi todos[27] entre enero y febrero de 1977 y a él lo condenaron a veinte años de prisión, acusado principalmente de atentar contra la integridad interior del Estado.

Cuando venía a verlo a la cárcel, a su madre Paquita le gustaba charlar con él (y también se lamentaba un poco) sobre su manera de pensar, sobre la razón de su encarcelamiento… A él también le gustaba. Ya en la época del *derb* y, sobre todo, a partir de esa época carcelaria, empezó a pensar que no sabía gran cosa de su madre, ni de su padre, por cierto, pero Mohamed ya había muerto. Era así, porque sus progenitores no hablaban de sus asuntos personales con sus hijos y él quería conocerla a ella, aunque sólo fuera un poco. Él había cambiado, se atrevía a evocar con ella temas que nunca antes hubiese evocado y estaba seguro de que era importante e, incluso, necesario saber quién era esa mujer que le había dado la vida y a la que tan en su corazón tenía.

Una de las cuestiones que a ella le preocupaba y que le había planteado en varias ocasiones durante sus visitas era eso del marxismo y del ateísmo.

—Pero ¿cómo puedes no creer en Dios, hijo mío?

—Exactamente de la misma manera que tú crees en él, mamá. Es el mismo verbo, tú lo pones en positivo y yo en negativo.

—Mira, no me líes con tus positivos y negativos, y no me digas que es igual. A ver, explícame tú de dónde venimos, cómo funciona todo tan perfectamente. Alguien ha creado todo esto, el universo, las estrellas…

---

[27]  A una parte de los detenidos (exactamente a 105 de ellos) la policía los sacó de la cárcel sin haberlos llevado a juicio.

—Decir que todo funciona perfectamente me parece que es mucho decir. Pero bueno, para responder a tu pregunta… Mira, mamá, yo no tengo una respuesta científica para poder convencerte. Hay muchos religiosos que afirman que cualquier cosa que funciona ha sido creada por alguien, por lo tanto, el universo ha sido creado por alguien.

—Claro, hijo, es evidente.

—Sí, pero entonces, mamá, si todo ha tenido un creador, ¿quién ha creado al creador de todo el universo?

—Pero Dios es eterno, hijo, siempre ha existido.

—Ya, pero ¿quién lo ha creado? Yo creeré en Dios el día en que alguien me demuestre cómo un ente, un ser, un espíritu o lo que sea, que nunca ha sido creado, puede existir y, además, crear.

—Eres un infiel irremediable, hijo.

—Por fin estamos de acuerdo, mamá.

Paquita se reía y pasaban a otros asuntos, en particular a la situación de los hermanos y hermanas, tíos y tías, sobrinos y sobrinas, cuñados y cuñadas, los que estaban en Marruecos y los que se habían ido al extranjero.

En otra ocasión, él quiso saber cómo había evolucionado el pensamiento religioso de Paquita, porque Lucile, en una de sus visitas, le había dicho que su madre ya no creía en ninguna religión.

—Oye, mamá, ¿es verdad que ya no eres mora, ni cristiana, ni nada?

—¡Ay, hijo, de qué manera lo dices…! A ver si me vas a poner a mí también de atea.

—No, mamá, sólo quiero saber…

—Bueno, bueno, no te preocupes. Ya me ha dicho Lucile que habéis hablado de mí.

—Exactamente.

—Mira, hijo, yo creo en Dios, lo que pasa es que, conversando con tu mujer, que sabe mucho de estas cosas, me ha convencido de que las religiones han sido imaginadas o inventadas por los hombres. Entonces yo digo eso, que las religiones son cosas de hombres, pero yo creeré siempre en Dios todopoderoso. Y sigo sin comprender que tú no seas creyente. No sé de dónde te viene esa incredulidad y ese ateísmo tuyo, hijo mío.

—Yo tampoco lo sé, mamá, pero te voy a contar una anécdota de cuando era pastor, que a lo mejor te gusta.

—¿Tan pequeño y ya no creías en Dios?

—No, qué va. Yo no podía entonces pensar que Dios no existía, yo pensaba como todo el mundo. Lo que pasa es que un día, estando Mohamed y yo…

—¿Tu hermano?

—Sí, claro. Pues estando los dos con unos chavalitos pastores, nos pusimos a hablar de Dios. Por supuesto, todos creíamos en Dios, pero uno de esos pastorcitos dijo que como Dios era todopoderoso, podía hacer lo que le diera la gana cuando quisiera. Y Mohamed y yo, de común acuerdo, no sé si para provocarlos, o para desafiarlos, o para demostrar no sé qué cosa…, les dijimos que eso era imposible. Todos los pastorcitos se nos echaron encima con sus críticas de que éramos unos infieles, unos *nesranis*[28] hijos de *nesranía*, que íbamos a ir directos a arder en el Infierno. Y entonces respondimos que bueno, puesto que podía hacerlo

---

[28] *Nesrani*: cristiano. La palabra *nesrani* (femenino *nesranía*) viene de la palabra nazareno. En el norte de Marruecos significa más específicamente «español».

todo, que le pidieran que destruyese la casa de los *nesranis* que vivían cerca de nuestra *nuala*.

—Pues vaya ocurrencia, hijo.

—Tranquila, mamá, nosotros estábamos seguros de que la casa de nuestros vecinos *nesranis* no se iba a venir abajo. Pero, bueno, ellos siguieron diciéndonos de todo, a pesar de que la casa no se vino abajo. Así que ya ves, mamá, desde pequeño ya le ponía reparos al poder de Dios.

—Sí, pero tú eres una buena persona, y Dios eso lo sabe muy bien, así que yo por ese lado estoy tranquila.

Estas agradables conversaciones de Dris con su madre (y de los demás compañeros con los y las que venían a visitarles) sólo fueron posibles en la Prisión Central de Kenitra a partir de la segunda mitad del año 1981.

Los seis primeros años de detención y encarcelamiento (a partir de enero de 1976, en su caso) fueron de terror por las torturas en el *derb* y, después, por la dura ferocidad del régimen penitenciario que las direcciones de las prisiones imponían sistemáticamente a los presos políticos. Pero el grupo en el que estaba Dris organizó y protagonizó de noviembre a diciembre de 1977 una huelga de hambre que duró 45 días y durante la cual murió la militante Saïda Mnebhi. A partir de entonces la situación mejoró algo, pero fue a mediados de 1981 cuando se produjo un cambio radical en la situación material de los presos políticos encarcelados en la Prisión Central de Kenitra. Entre las mejoras estaba el sentarse directamente con los que visitaban a los presos, extendiendo mantas o esteras en el suelo y trayendo bandejas repletas de vasos de té o de café, según preferencias de los parientes y amigos–amigas.

Rememorar esas conversaciones con Paquita y otras con Lucile le traía a la mente esos más de trece años de prisión, y se ponía a pensar en lo que habían sido esos años, mientras se sentaba en su poyo frente al estrecho de Gibraltar, que parecía un apacible lago que le acariciaba la mente y le tranquilizaba el ánimo.

No le era fácil al viejo Dris valorar el tiempo carcelario, evaluar lo que habían representado esos más de trece años de encierro. Dicho de manera rápida y perentoria, se podría afirmar que fueron trece años y pico de sufrimientos cotidianos. Y, sin embargo, fue así y no fue así. El ser humano es capaz de adaptarse, tanto por las buenas como por las malas, a las situaciones más inverosímiles.

El primer elemento que ayudaba a resistir era el tener claras sus convicciones, a saber, que estaban encarcelados a pesar de que sus acciones fueron pacíficas y democráticas[29], acciones cuya finalidad (teórica, evidentemente) era el bien común, el progreso del país, la justicia para los empobrecidos. Ellos tenían la consciencia tranquila.

Verdad era que su objetivo estratégico era establecer una república democrática popular, más o menos a la manera de la China maoísta. Eso estaba establecido en sus escritos internos y era lo que, en realidad, el régimen de Hassan II no podía tolerar: que se pusiera en cuestión la permanencia de la monarquía alauita y se luchara, aunque fuera a larguísimo plazo, por su desaparición.

---

[29] Las acciones que *Ilal Amam* había realizado habían sido manifestaciones pacíficas y/o distribución de octavillas con dos temas básicos: denunciar las políticas injustas y antidemocráticas del régimen de Hassan II y defender el derecho a la autodeterminación de los que reivindicaban su independencia y a los que *Ilal Amam* llamaba «las masas saharauis».

Era una de las llamadas líneas rojas, cuya transgresión conllevaba un castigo durísimamente ejemplar.

El segundo elemento era el estar juntos en un mismo espacio. Un espacio cerrado a cal y canto, pero dentro del cual se podían mover, ver a otras personas (aunque sólo fueran otros presos), hablar, intercambiar ideas, incluso provocar disputas, realizar ejercicios físicos, gastar o contar bromas, etc. Todas estas actuaciones en un espacio cerrado eran importantes, pues minireproducían algunos comportamientos de una vida normal en sociedad, en un espacio abierto. A nivel psicológico les hacían sentir como en contacto mental con ese espacio abierto de la vida cotidiana de la gente. Sin embargo, este elemento de resistencia tenía su reverso. Y es que, al comparar el espacio cerrado en el que se movían diariamente con el ancho universo del espacio abierto imaginado, sentían con infinita intensidad las limitaciones de su situación concreta y vivían con profunda amargura y tristeza la ausencia de lo imaginado.

Todas las actividades carcelarias tenían su reverso, porque todas recordaban la ausencia del espacio abierto de la libertad, por muy relativa y limitada que fuese o pudiese ser esa libertad, y los amarraban con más fuerza y violencia psicológica a su espacio cerrado.

En ese espacio cerrado no veían las estrellas, porque los encerraban en sus celdas antes de que se pusiesen a brillar; no podían ver el mar, porque habían elevado muros muy altos que lo impedían; no podían ver cómo se levantaba o se ponía el sol, no podían estar con sus familias o sus amigos, no podían salir a comprar el pan que olvidaron traer, no podían hacer el amor con sus esposas, o con sus amigas, o con sus amantes. Las actuaciones

carcelarias eran importantes, necesarias, so pena de morir de in-
actividad e inanición, pero siempre con ese reverso: recordarles
obsesivamente la ausencia de la normalidad exterior.

Todas las actividades de solaz y esparcimiento conllevaban
ese reverso, salvo una: la risa.

Sion Assidon, uno de los presos en ese espacio cerrado que
era y es la Prisión Central de Kenitra, cuenta en una entrevista
que nunca en su vida (antes y después de su encarcelamiento), se
había reído tanto y con tantas ganas como con sus compañeros
de encierro. El viejo Dris corrobora totalmente esas afirmaciones
porque las había vivido, en parte con Sion. Por eso seguramente
les gustaba tanto reunirse en corros y ponerse a hablar. Porque
era ponerse a hablar, a contar anécdotas, chistes, sucesos vividos
de torturas y atrocidades y desternillarse de risa. Todo era y todos
eran objeto de chanza, de pasarrato alegre, de rechazo de ese
tiempo y ese lugar carcelarios. Esas hilarantes carcajadas, salidas o
sacadas del fondo de su sufrimiento, seguían resonando durante
horas en sus oídos y en sus corazones y eran como un bálsamo.

Las sesiones de risas eran lo único que no conllevaba la
malévola sombra de ese perverso efecto bumerán de las alegrías
relacionadas con el universo abierto imaginado o incluso con el
recuerdo del horrendo mundo de las torturas.

Como ya se ha dicho, las situaciones de solaz y esparcimiento
empezaron a ocurrir cuando la época de la severidad y de los
castigos empezó a cambiar, después de esa huelga de hambre de
45 días. Pero ellos, todos, seguían en prisión por larguísimos años,
en un espacio cerrado, acotado, limitado, invariable y muchísimas
veces, por muchísimos motivos, angustioso. Por eso, Dris pensaba
que esa frase de un corrido mejicano que asegura que «aunque

la jaula sea de oro, no deja de ser prisión», es de una exactitud milimétrica y, a lo mejor, fue escrita por algún preso.

Su madre Paquita, con la voz preocupada y apenada, a menudo le decía:

—¡Ay, hijo, no sé cómo lográis aguantar tanto tiempo encerrados ahí dentro! Yo es que me angustio sólo de pensarlo.

Lucile, por su parte, le había preguntado en una carta, en marzo de 1978, al principio de esos veinte años a los que estaba condenado, que cómo vivía el encarcelamiento. «¿Qué se siente en prisión?», le había preguntado. Y él fue incapaz de explicarle lo que se sentía, porque todavía no lo tenía muy claro en su mente. Y fue así, seguramente por eso del caparazón de tortuga, por lo que no lograba aprehender cabalmente lo que les estaba ocurriendo a él y a sus demás compañeros. Quizás eran demasiado absurdas esas condenas a diez, veinte, treinta años, cadenas perpetuas… O quizás aún no había salido del horror del *derb*. O quizás aún no se había aclimatado a su nuevo entorno carcelario, tan duro esos primeros años. O quizás las divergencias que había constatado entre los dirigentes de su bonita organización marxista-leninista le preocupaban y se preguntaba en qué iban a desembocar. O quizás le inquietaba su futuro con Lucile. O quizás había un poco o un mucho de cada uno de estos elementos. El hecho es que se sentía como fuera de lugar, fuera de contexto, incapaz de analizar la situación.

Con el tiempo y la inestimable ayuda de Lucile hizo un trabajo sobre las cárceles españolas durante el franquismo en el marco de un doctorado por la Universidad de Toulouse-Le Mirail. Ese trabajo académico y la reflexión sobre el universo carcelario le permitieron comprender mejor su situación y la de sus compañeros, a lo que había que añadir las denodadas y, a menudo, sucias luchas internas que tuvieron lugar entre las diferentes tendencias de *Ilal Amam*, que partieron la organización en mil estrellitas fugaces y la hicieron saltar por los aires como chispitas de fuegos artificiales, al tiempo que abrían muchas mentes a la reflexión individual y personal. En todo caso, de más de cincuenta individuos que militaban en la organización, sólo quedaron siete, de ellos cuatro cuadros dirigentes.

Así que, por 2021, el viejo Dris, mientras pensaba en esos recuerdos e intentaba transmitirlos, y con tantas experiencias por detrás, ya había tenido suficiente tiempo para reflexionar.

El régimen de Hassan II fue un régimen dictatorial y cruel que ejerció una represión feroz y despiadada contra sus opositores, tanto los que luchaban por su democratización como los que luchaban para derrocarlo; tanto los que utilizaban métodos pacíficos como los que utilizaban (o intentaban utilizar) métodos violentos[30]. ¿Cómo explicar, pues, ese remanso de dulce encierro carcelario del que, a partir de 1981, se beneficiaron los presos políticos que estaban en la Prisión Central de Kenitra? ¿Esos locutorios en los que podían sentarse al lado de sus visitantes, hablar y reír, y abrazarse? ¿O la recepción (aunque no oficial) de toda clase de libros, revistas, periódicos, incluso los que estaban prohibidos en Marruecos, en el marco de un régimen dictato-

---

[30] Ver Gilles Perrault: *Notre ami le roi*. Éditions Gallimard, Paris, 1990. Libro traducido al español con el título *Nuestro amigo el rey*. Se pueden citar también: el testimonio de una militante: Fatna Elbouih: *Une femme appelée Rachid*. Éditions Tarik, Casablanca (traducido del árabe), y el escrito por un militante que el régimen hizo desaparecer durante casi nueve años, junto con otros cuatro compañeros suyos: Mohammed Errahoui: *Mouroirs. Chronique d'une disparition forcée*. Saad Warzazi Éditions, Rabat, 2008.

DRIS BOUISSEF-REKAB LUQUE

rial en el que las autoridades penitenciarias, controladas por las autoridades policiales o en total complicidad, vigilaban con lupa todo lo que se leía y todo lo que se escribía? Disfrutaban del patio desde las 8:00 hasta las 20:00, en vez de sólo tres horas al día; tenían hasta tres visitas semanales directas en lugar de una sola y con rejas; organizaban su vida carcelaria interna como les daba la gana; escribían, discutían y debatían; los que quisieron pintaron sus celdas con colores vivos y alegres, plantaron árboles y flores en bancales que aderezaron en los dos patios de los que disponían, el patio del pabellón A1 y el del pabellón A2, etc.

Existen seguramente razones que Dris ni conocía ni nunca conocerá, porque no estaba ni nunca estará en la mente de un hombre y rey todopoderoso como Hassan II. Pero una pequeña explicación sí se puede hacer, teniendo en cuenta algunas circunstancias del contexto político de la época. Dris veía seis razones más o menos entrelazadas.

1) Había un parlamento con una presencia importante de parlamentarios de la Unión Socialista de Fuerzas Populares (USFP), del Partido del Progreso y el Socialismo (PPS, el ex PCM), que intentaban influir en el sentido de una menor severidad del castigo de esos presos, pidiendo a veces su liberación. Además, el mismísimo Partido Istiqlal (partido conservador donde los haya) declaraba con luces y taquígrafos que luchaba por la democracia. Les era difícil a todos esos no hacer nada, cuando un dirigente de *Ilal Amam* (Abdellatif Zeroual) había muerto ya bajo la tortura policial; cuando otra militante (Saida Mnebhi) había muerto a causa de la dejadez médica durante la huelga de hambre ya citada de 45 días; cuando una señora que nunca en su vida había militado (Évelyne Serfaty) murió en su

casa, sí, pero después de haber sido torturada por la policía que quería saber dónde se escondía su hermano, Abraham Serfaty. Esos tres partidos citados constituyeron (junto con los demás del parlamento) una comisión encargada de hacer aplicar las reivindicaciones de los huelguistas. Y la verdad es que funcionó bastante bien esa comisión, gracias principalmente, pensaba el viejo Dris, a personalidades relevantes de esos partidos, y no a estos últimos en tanto que posicionamientos claros y globales para una democratización sin paliativos, ni líneas rojas, ni especificidades, ni claroscuros tramposos.

2) Amnistía Internacional había adoptado a ese grupo de presos políticos como presos de opinión y llevaba a cabo una intensa campaña para su liberación en Francia, Italia, Alemania, Suiza, Dinamarca, Austria, Inglaterra, Estados Unidos, Bélgica, Holanda... Menos en España[31].

Al evocar Amnistía Internacional, a Dris le era imposible no recordar el papel jugado por mujeres como Sonja de Jong o Suzanne, la madre de Lucile, y de otros hombres y mujeres que llevaban a cabo campañas masivas, reivindicando la liberación de los presos políticos marroquíes y apoyando materialmente a todos aquellos compañeros que necesitaban apoyo. Gracias a sus parientes, a algunos amigos marroquíes, franceses y españoles, y gracias a los y las militantes de Amnistía Internacional, a los presos de la Central de Kenitra no les faltó nunca de nada a partir de ese 1981 ya indicado.

---

[31] Sin duda, porque el país acababa de salir del franquismo y de la intentona de golpe de Estado de 1981 y estaba ocupado en reforzar la democratización de sus estructuras institucionales.

3) Había dos militantes de origen judío en ese grupo encarcelado en Kenitra. La propaganda que se realizaba en el exterior por el Comité de Lucha contra la Represión en Marruecos (Francia) ponía el foco en uno de ellos para su liberación. Eso tenía su importancia de cara a los numerosos judíos de origen marroquí que se habían instalado en Francia o en Israel. Sin olvidar que uno de los consejeros de Hassan II era judío (y sionista). Y sin olvidar tampoco que el rey de Marruecos y otros miembros de sus sucesivos gobiernos tenían relaciones relativamente estrechas con miembros del Mossad y con miembros del Gobierno israelí.

4) La cuarta razón tenía que ver con la personalidad del rey. A saber, Hassan II era un señor astuto e inteligente. Imposible saber si la idea de relajar la presión carcelaria, ofreciendo condiciones materiales inverosímiles en un Estado de dictadura, había sido del mismísimo rey o de alguno de sus consejeros, pero el hecho es que se relajó esa presión por orden real. El rey sabía perfectamente que en ese grupo había una cantidad importante de intelectuales conocidos, de altos cargos, de cuadros de valor como agrónomos, ingenieros, matemáticos, farmacéuticos, profesores universitarios, etc. Y él tenía un profundo sentido de la pertenencia social: no se trata de igual manera a un simple obrero, por ejemplo, que a un personaje que fue miembro importante en uno de los primeros gobiernos de Marruecos (Abraham Serfaty).

5) Pone este elemento en quinto lugar, pero era importantísimo: el apoyo de sus familiares. En realidad, hay que decir de sus familiares mujeres, recalcando que su apoyo había sido decisivo. El viejo Dris, reflexionando sobre este punto en particular, constataba que en todas las experiencias de encarcelamientos políticos (África del Sur, Brasil, Chile, Argentina, España…) las mujeres

siempre han sido más solidarias, más perseverantes, más valientes
que los hombres, lo que demuestra que creen mucho más en el
valor de sus sentimientos y en la importancia de los principios, que
son más verdaderas y más honestas. Es extraordinaria la falsedad
de la imagen que los pensamientos mayoritarios en las sociedades
(en todas las partes del mundo) conforman acerca de la mujer,
pero lo cierto es que, a la hora de la verdad, es decir, cuando hay
que enfrentarse a situaciones difíciles que requieren solidaridad
y valentía, ellas son las mejores, ellas nunca (o muy pocas veces)
fallan. Viejas madres (entre ellas, Paquita) y madres jóvenes, esposas
como Lucile y muchas otras, hermanas y amigas de hermanas,
novias y amigas de novias aguantaron valientemente las embes-
tidas de las fuerzas del orden y pasaron noches en comisarías en
defensa de los derechos de los que estábamos encarcelados. Y eso
lo hicieron durante años y años, sin jamás desfallecer. A Fátima,
su futura esposa, la conoció Dris, porque era una de las que se
apuntaron a apoyar a los presos políticos. Allí, en el locutorio de
la Prisión Central de Kenitra la conoció y, cuando volvía a su
celda, se ponía a pensar en ella, a soñar con ella.

6) La sexta y última razón que vislumbraba el viejo Dris era
fundamental. Esas tres organizaciones marxistas[32] ya no representaban ningún peligro para el régimen. Todos sus militantes
importantes estaban encarcelados, ya no tenían ningún poder de
movilización de las masas y los que seguían en libertad estaban
totalmente controlados por la policía.

---

[32]  Esas tres organizaciones eran, por orden de importancia numérica: *Ilal Amam, 23
de Marzo* y *Servir al Pueblo*. En ellas había, en realidad, leninistas, maoístas, panarabistas
más o menos socializantes, y algunos oportunistas que sabe Dios por qué razón se
metieron en políticas de oposición en ese periodo.

Estos seis elementos y seguramente otros que se le olvidaron a Dris o de los que nunca tuvo noticia, junto con la huelga de 45 días, contribuyeron a imponer cambios en la situación de los presos políticos de la Prisión Central de Kenitra. Y esos presos empezaron a vivir en su jaula dorada como si estuvieran de vacaciones en una islita amurallada en la que el único inconveniente era que no podían salir de ella.

La decisión de las más altas autoridades de permitir ese liberalismo carcelario tenía un objetivo muy claro: se trataba de ofrecer, de cara a Occidente y en particular Francia, una imagen delicadamente democrática del poder político en Marruecos, que era el poder del rey y de nadie más. Y que era el mismo poder que mantuvo a un niño de apenas dos años encerrado con su madre[33] durante dieciocho años y que mantuvo, exactamente en esa misma época, a más de cincuenta militares desaparecidos durante años, de los cuales la mitad murió a causa de esas terribles e inhumanas condiciones en las que los obligaron a vivir[34], si a eso se le puede llamar vida.

De modo que, a pesar de estas y otras lindezas, la prisión de Kenitra siguió siendo una prisión. La angustia carcelaria nunca desaparece mientras estás encerrado en la cárcel. Puedes olvidarla en momentos especiales, pero vuelve a atenazarte el pensamiento y el cogote en cuanto te encuentras solo. O en cuanto ella te

---

[33]   Ver, en particular, Malika Oufkir et Michèle Fitoussi: *La prisonnière*. Éditions Grasset, Paris, 1999.
[34]   Existen varios testimonios de militares que vivieron el infierno de Tazmamart, pero el que prefiere el viejo Dris es Ahmed Marzouki: *Tazmamart*. Éditions Tarik, Casablanca.

PAQUITA EN TIERRA DE MOROS

sorprende estando solo. Solo, dando vueltas en el patio. O solo
en tu celda, aunque esté abierta.

Es evidente que no es lo mismo vivir el encierro carcelario
en condiciones materiales agradables, pudiendo realizar actividades más o menos lúdicas, que vivirlo en condiciones pésimas,
desagradables, represivas. Sin embargo, cualquier persona que
haya vivido un solo mes de encierro conoce la angustia que eso
produce en todo su ser, en sus pensamientos, en toda su mente.

Dris se acuerda de que cuando la policía se lo llevó (junto
con una treintena de otros detenidos) del *derb* clandestino a la
cárcel casablanquesa de Aïn Borŷa, los guardianes que los recibieron los instalaron a todos de cuatro en cuatro en celdas de
16 m² cada una, incluido el váter de 1,5 m de costado en una
de las esquinas, la derecha a la entrada. El váter era un simple
agujero donde el que necesitaba defecar tenía que ponerse en
cuclillas y soltar sus heces, cuyo hedor se difundía por todo
ese espacio casi enteramente cerrado y llenaba las narices y el
olfato de todos los compañeros. En otras celdas exactamente
iguales, los responsables de esa prisión instalaban dieciséis presos
comunes en cada una, así que ellos —«presos políticos»— eran
unos privilegiados.

También se acuerda de que cuando les anunciaron las
condenas (ni uno salió en libertad de ese simulacro de juicio),
los de la prisión les cambiaron sus ropas civiles por la ropa pe-
nitenciaria obligatoria: chaqueta y pantalón blancos con rayas
negras, camisa blanquecina hecha con tela de sacos de harina y
sandalias con plantillas, tiras de neumáticos y clavos que se les
plantaban directamente en los pies. Protestaron. No lo hicieron
por el cambio en sí, sino por la malísima calidad de las prendas,

DRIS BOUISSEF-REKAB LUQUE

por las heridas que les producían en los pies esos zapatos. La respuesta fue que les dieron una soberana paliza entrando en las celdas una por una. Al día siguiente, los trasladaron en camiones herméticamente cerrados a la Prisión Central de Kenitra. Cada uno con su condena a cuestas, desde dos años, mínimo, hasta cadena perpetua. A las cinco chicas juzgadas en el mismo juicio y condenadas cada una a cinco años de prisión, las trasladaron a la Prisión Civil de Kenitra.

Las agresiones corporales, las limitaciones de la movilidad, de la visión, las ropas de mala calidad, la estrechez de los espacios, las trabas y obstáculos a las funciones más básicas del ser humano, etc., tenían (y tienen allá donde existan) objetivos muy concretos: castigar al penado (o a la penada), haciéndole vivir concretamente situaciones dolorosas, molestas, desagradables, humillantes, para disminuir o anular la autoestima.

En general, el castigo tenía como blanco fundamental el cuerpo. Pero no hay agresión corporal que no provoque una reacción psicológica negativa. Todas las limitaciones y agresiones corporales se transmiten a la razón y se transforman en angustias, obsesiones y, a menudo, en la pérdida del sentido de la realidad.

La angustia carcelaria abarca la totalidad de lo que se podría llamar funciones psicológicas, pero tiene una reina absoluta: la angustia sexual. Cuando encierran a una persona, la angustia sexual quizás no sea la primera en aparecer, pero es la más tenaz, la más persistente, la que nunca jamás desaparece, la que más hace sufrir al preso o a la presa.

Dris vivió intensamente su problema sexual durante sus primeros seis años de encarcelamiento, pero sin llegar a asfixiarse. Sin llegar a asfixiarse, porque quería mucho a Lucile y ella le

correspondía. En primer lugar, su esposa se ocupaba de Paquita
(que se había venido a Rabat para no quedarse sola en Tetuán) a
todos los niveles: nivel material, nivel psicológico, nivel ternura;
se entendía muy bien con ella y la traía muy a menudo a que
lo visitara en la cárcel. En segundo lugar, a él le escribía cartas
de amor, le aseguraba que pensaba en él, le llevaba lo que él le
pedía y, sobre cualquier otra cosa, le decía que lo esperaría hasta
que saliera de la cárcel, incluso si debía pasar encerrado los veinte
años a los que había sido condenado. En esta situación, él estaba
psicológicamente tranquilo. Su tremenda frustración sexual, su
profunda necesidad del cuerpo y del cariño de una mujer, de una
mujer que no era otra que Lucile en ese tiempo, las superaba o
las mitigaba masturbándose con ella en la retina, con su cuerpo
junto a él, con sus besos respondiendo a los besos de él, porque
ella, él estaba seguro de eso, correspondía a sus sentimientos, a
sus caricias, a su amor.

A partir de 1980, Lucile empezó unas relaciones sentimentales y sexuales con un señor que conoció y que le gustó y que
era una persona muy abierta de mente y con ideas progres. Antes
de salir con él, le planteó la cuestión a Dris, asegurándole que
sólo lo haría si él estaba de acuerdo. Se lo pensó y llegó consigo
mismo a la conclusión de que su esposa no era una propiedad
suya a la que él pudiese obligar a tener o no tener relaciones
sexuales; que los quince años de encierro que le quedaban por
pasar eran demasiados años, demasiadas privaciones, demasiadas
penas; que Lucile no tenía que sufrir en su espacio abierto las
mismas frustraciones y las mismas angustias que él en su espacio
cerrado. Y le dijo que sí, que lo comprendía y admitía, aunque
no fue nada fácil para él.

En esa nueva situación, Lucile seguía asegurándole que lo quería, pero él empezó a constatar que sus visitas ya no eran tan cariñosas, que ya no respondía de la misma manera franca, radiante y espontánea a sus caricias. Siempre había en ella una reticencia, una reserva, algo así como un «no, déjalo, por favor, ahora no puedo». Para él, eso era, por lo menos, una semana pensando en ese «no» como un pincho ardiendo en su cerebro, en esa reticencia, imaginando que su amor se estaba esfumando poco a poco, pero de manera inexorable, obsesivamente irremediable.

En la cárcel, el preso Dris escribía. Lo hacía al ritmo que le apetecía, generalmente sin grandes prisas, porque tenía mucho tiempo por delante para escribir. Pero de vez en cuando le entraban zozobras íntimas, como apremiantes necesidades de expresar algo que le carcomía el pensamiento y de sacarlo lo antes posible. Entonces podía pasarse dos o tres horas dándole al boli (era y seguramente es su máximo esfuerzo temporal redactando). Le ocurrió un día del mes de marzo de 1987, dos años y dos meses antes de su salida de la Prisión Central de Kenitra. Naturalmente, el viejo Dris todo lo que ha redactado dentro y más tarde fuera de la cárcel lo ha puesto a disposición del autor, para que este lo utilice y lo aproveche como quiera, el cual ha traducido esa cosa escrita en francés y cita algunos párrafos aquí, porque le parece que expresan lo que significaba eso de pasarse el tiempo pensando obsesivamente en las negativas de la que aún era oficialmente su esposa, Lucile:

*No quiere irse. No quiere abandonarme. Permanentemente agarrada a mi imaginación, siempre acurrucada en una esquina de mis pensamientos. Y, sin embargo, se va a ir, algún día, incluso si salimos juntos de aquí.*

*Cuando escribo cartas, se pasea por mi cabeza, me propone una idea, discute una aserción; estoy en mi celda-escritorio escribiendo, pero no importa, viene a mi encuentro, o, de lo contrario, me voy yo a escribir la misma carta a una larga mesa que habíamos construido los dos, ella y yo, hace ya más de once años [...].*

*El otro día dijiste que tú y yo nos tomábamos la vida demasiado en serio, que necesitaríamos un poco de desapego, algo más de ligereza. Todo esto, a fin de cuentas, no es tan trágico. Seguro que no lo es. Yo podría, por ejemplo, decidir que ya no te tocaré en el locutorio, podría decidir que cuando te vayas, encontraré sin ninguna duda a otra mujer después de mi liberación. Podría decidir que yo debo abandonarte a ti, parar de una vez este lío, podría decidir por fin ser consecuente conmigo mismo, no pensar más en ti, eliminarte definitivamente de mi imaginación. Podría decidir que la vida no es nada, un soplo, un paso, una ilusión, que puedo estar tan bien contigo como sin ti, que mujeres las hay en todas partes. Podría decidir salir de mí mismo, dejar de ocuparme de mis lastimosos y ridículos lamentos. Yo podría decidir todo lo que quisiera, tomar centenares de decisiones, a la vuelta de cada una de ellas asoma tu sonrisa pícara que me amarra, brilla tu mirada traviesa que me cautiva, se aclara tu cara vivaracha que me arrastra, tu cuerpo cálido se acurruca en mi cabeza algo confundida; pasa incluso que me gratifiques con una ternura, con un beso en los labios, con una caricia en el sexo, con un abrazo amoroso, ¡oh, únicamente en imaginación, claro!, y tan pocas veces, porque ya no sientes por mí el mismo deseo físico desde hace siete años, si no me equivoco, y si quiero acariciarte yo, ya no tienes ganas, tu cuerpo se separa del mío y sólo me deja la ausencia de tu calor femenino.*

Durante esos largos ocho años, desde ese verano de 1981 hasta mayo de 1989, nunca más volvió a saborear el placer físico de una masturbación, porque siempre, cada vez que tenía la acuciante necesidad de masturbarse y cada vez que se masturbaba con desesperación o que soñaba con el cuerpo de una mujer, retumbaban en su cerebro los noes de las visitas. Y entonces sí vivió una honda angustia sexual. Honda, cotidiana, permanente, obsesiva.

Abdellah Zaâzaâ, que estaba condenado a cadena perpetua, en un artículo publicado en el número 9 de la revista *Le Contact Maghrébin* (El contacto Magrebí), afirma: «*Cada preso vive su sexualidad de una manera u otra. Pero con una diferencia esencial: algunos piensan que infringen las prohibiciones, que cometen pecados, y eso no hace más que aumentar sus frustraciones, sus sufrimientos y sus complejos; otros, temiendo la incomprensión de la sociedad, viven su sexualidad con todas sus entrañas, pero intentando hacer creer que logran inhibir sus deseos; los más sabios se las arreglan para que no se sepa nunca lo que piensan*». Y hablando de su caso personal, en el mismo artículo, añade: «*A veces, cuando mi sufrimiento se exacerba y la insatisfacción de los deseos se hace insoportable, siento [...] que sólo una cosa me separa de la locura: el amor de mi mujer*».

Es posible, por lo tanto, decir que nadie escapa al sufrimiento psicológico en la cárcel y, en particular, al sufrimiento sexual. Y si una de estas neurosis logra imponerse totalmente a un individuo, es decir, si se transforma en una obsesión absoluta que domina todos los demás pensamientos, ideas, sentimientos, deseos; si se superpone a la capacidad de raciocinio del individuo, acapara su cerebro y le hace ver las cosas, la realidad, la vida, la muerte, todo a través del prisma de esa idea fija, entonces ese individuo, como se dice vulgarmente, enloquece. Y si enloquece, es ya para toda la vida, porque en la mayoría de los casos, ese trauma psicológico ya no tiene remedio. Es en cualquier caso lo que les ha ocurrido, por lo menos, a cinco compañeros cuya razón no pudo resistir las frustraciones y las angustias. Todos ellos han muerto poco después de salir de la cárcel. Algunos tras fugarse de sus casas; otros, en la cárcel, y a pesar de las buenas condiciones de las que gozaban todos, estuvieron a punto de perder su sentido de la realidad. Uno de ellos, inteligente, generoso, buen amigo, alegre y excelente humorista cuando estaba bien, pero que pasaba por periodos depresivos, en sus momentos lúcidos reconocía ante algunos de sus compañeros (como Abdellah Zaâzaâ y el propio Dris) que una tenue y frágil línea sedosa lo separaba de la locura: Abdelfettah Fakihani[35] palpaba en su propia capacidad racional que en cualquier momento podía encontrarse en el territorio de la sinrazón.

Toda esta parrafada para intentar explicar que lo más difícil de la cárcel son los problemas psicológicos. Naturalmente, mientras más largo es el encierro, más se solidifican esos problemas, transformándose en piedras dentro del cerebro. Y, sin embargo, la mente humana busca y encuentra resquicios para resistir, para sobrevivir, para no perderse, para seguir funcionando de manera más o menos normal, racionalmente, a pesar de esas duras piedras y de la tristeza y de todo lo demás.

---

[35] Abdelfettah Fakihani, oriundo de Marrakech, estaba condenado a cadena perpetua y salió de la cárcel en 1989, al mismo tiempo que Dris y otros treinta. Escribió una novelita extraordinariamente agradable en la cárcel, titulada *El pozo* (en árabe), pintó cuadros, aprendió a tocar el laúd y la guitarra y, ya fuera de la cárcel, escribió en francés otro libro titulado *Le couloir* (Tarik Éditions, Casablanca, 2005) sobre su experiencia política, incluido el encierro carcelario. Abdelfettah murió de un cáncer en 2009.

En la cárcel, Dris redactó *A la sombra de Lala Chafia* y la novela *Le fils du souk;* preparó y leyó una tesis doctoral, recibió y envió infinidad de cartas[36]... Fueron muchos años, pero no fueron años totalmente perdidos. «Menos da una piedra, hijo», le hubiese dicho otra vez su madre Paquita si viviera. «En efecto, mamá», le hubiese respondido él. Pero a él le quedaba todavía, firmemente agarrada a todas las partes de su cerebro y de su cuerpo, la tristeza de más de trece años de encierro, porque esa angustia que se vive cotidianamente en prisión va irradiando su pátina y se pega a la piel y a las vísceras y ya no desaparece.

Quizás, por eso, piensa él (y lo piensa de verdad, porque así lo vivió de verdad) que el día más triste de su vida fue el día en que salió de la Prisión Central de Kenitra. Por varias razones, y una de ellas era la vívida y segura sensación de lo que le esperaba.

Él se maravillaba de que otros compañeros que también iban a salir esa misma noche estuvieran contentos y rieran y bromearan. Él, completamente apesadumbrado y triste, les decía adiós a los que se iban a quedar, a los que se quedaron, entre ellos a su amigo El Habib Benmalek, el que, a las diez de la noche de ese 7 de mayo de 1989, entró en su celda, lo despertó y le dijo que preparara sus cosas para salir, que le había llegado la «class[37]». Él y todos los que ese día se beneficiaron de la gracia real[38] se pa-

---

[36] Una pequeñísima parte de esas cartas ha sido publicada en el libro *La tyrannie ordinaire. Lettres de prison.* Tarik Éditions, Casablanca, 2005.

[37] La cárcel es un microcosmos social en el que los presos inventan sin cesar términos nuevos para designar de otra manera las cosas y los objetos. El día de la «class» era el día del fin del encierro.

[38] Las gracias reales, sobre todo cuando se trataba de presos políticos, tenían algo así como un 0,1 % de gracia y un 99,9 % de decisión política, considerada importante o necesaria en una determinada coyuntura.

saron toda la noche del 7 al 8 de ese mayo preparando sus cosas para irse. En realidad, era como si no quisieran irse dejando allí a otros compañeros con los que habían compartido durante tantos años vidas, ideas, desesperanzas y esperanzas, alegrías carcelarias y angustias carcelarias. Abdellah Zaâzaâ dice en un reciente libro: «*Acabo de salir de la cárcel. Yo, después de catorce años, tres meses y ocho días de detención. Y lo más injusto es que abandono allí a otros camaradas*»[39].

De modo que el día 8 de mayo, a las 9:00 de la mañana, el ya no tan joven Dris llegó al apartamento que habían alquilado Lucile y él para Paquita en 1975, antes de que lo detuvieran. Su madre se había instalado allí, en l'Océan, el barrio de su infancia, con Selam y Jalid. Pero en más de trece años, muchas cosas habían cambiado. En 1989, Selam ya era médico y estaba casado; Jalid estaba con su madre en Bruselas estudiando para médico y la que ocupaba ese piso pequeño pero precioso, con vista directa al océano Atlántico, era Lucile, porque Paquita, para no quedarse sola, se había ido a vivir a Casablanca con Asusa.

Llamó al timbre. Un momento después se abrió la puerta. Lucile, sorprendida, lo miró abriendo los ojos. Evidentemente, no lo esperaba, pero su gesto denotaba mucho más que sorpresa. Denotaba algo así como molestia, como si se hubiese dicho en su fuero interno: «Mierda, ya llegó el problema». Pero eso duró un instante muy breve. Enseguida estampó en su cara una sonrisa algo forzada, lo abrazó y le dio dos besos, uno en cada mejilla.

---

[39] Abdellah Zaâzaâ: *Le combat d'un homme de gauche*. Kalimate d'édition, Salé, 2019, p. 9. Abdellah Zaâzaâ murió en mayo 2021, al lesionarse gravemente a causa de una caída y después de estar en cama algún tiempo.

Antes de seguir explicándose, Dris quiere dejar claro un asunto importante: su resistencia en la cárcel se la debió en muy buena parte al apoyo de Lucile, porque el 100 % de lo que recibió durante más de trece años se lo trajo Lucile. Su cariño (seguramente ya no su amor) y su estima nunca le faltaron. Sabía que podía contar con ella como mínimo hasta su salida, incluso si hubiese sido hasta 1996. Él, en efecto, le había propuesto el divorcio y ella no quiso, porque no hubiese podido seguir apoyándolo sin estar oficialmente casada con él. Lucile era, es una mujer extraordinaria. Pero cuando él se presentó esa mañana en el piso, Lucile se encontró ante un dilema: tenía relaciones con dos hombres; con uno de ellos hacía el amor y con el otro no; a los dos les decía que los quería, pero había llegado el momento de anunciarle a uno de los dos «vete a hacer gárgaras», con otras palabras más dulces, pero con el mismo resultado.

No era sencillo. Al que tenía que anunciarle eso era al que acababa de llegar de la cárcel, a pesar de que ella pretendía que aún no lo tenía decidido. No era sencillo y quería hacerlo delicadamente. Entonces ideó una suerte de estratagema para que la inexorabilidad de la decisión le llegara lenta pero certeramente al cerebro del que todavía era oficialmente su esposo, al tiempo que le permitía a él disfrutar de unos días de descanso en un entorno casi paradisiaco: lo invitó a pasar una semana de vacaciones en el norte de Marruecos, unos días en Tánger, en casa de unos amigos, y después en lo que era el balneario de Cabo Negro, haciendo la ruta costera Tánger-Ceuta, admirando el panorama del estrecho de Gibraltar, de la costa marroquí por la que iban transitando y de la costa española allá al otro lado, tan cerquita.

Llegaron a Cabo Negro, donde entonces sólo había unas cuantas villas y un hotel-restaurante, Le Petit Mérou. Allí tenían reservada una habitación que daba directamente al Mediterráneo y allí permanecieron unos días. El expreso había aceptado la invitación, porque pensó lo siguiente: «si me invita a ir solo con ella es quizás porque aún no ha decidido con quién de los dos se queda. A lo mejor es verdad que duda, y si nos quedamos solos los dos en Cabo Negro, con lo bonito que es aquello, pues a lo mejor logramos recomponer algún sentimiento íntimo». Si Dris hubiese conocido por aquel entonces la definición de la RAE, habría pensado que a lo mejor incluso podían tener algún que otro ayuntamiento carnal voluntario. Pero sólo fueron ilusiones infundadas. El sitio era espléndido, el azul del mar resplandecía espléndido, la arena calentaba espléndida, el sol brillaba espléndido, Lucile lucía espléndida. Y Lucile mantenía a rajatabla una estricta separación con amabilísima frialdad: nada de chistes, nada de bromas, nada de miradas cómplices, nada de risas, ya que las risas y esas cosas acercan a las personas, y ella había decidido que nada de acercarse demasiado, porque eso, con toda seguridad, habría encendido las ansias del expreso. Pero a lo mejor era su tristeza interna (la de él), que de alguna manera tenía que irradiar y aparecer en su cuerpo, la que la mantenía a distancia a ella. Quién sabe…

Entonces se arrepintió de haber aceptado la invitación, que fue muy bonita exteriormente y muy triste interiormente. Y decidió que, bueno, al menos todo estaba claro. Sólo faltaba hablarlo y ya lo harían en Rabat tranquilamente.

Al rememorar esas cosas de la vida y de la represión, el viejo Dris sabía perfectamente que Lucile sufría a causa de la separación. No podía no sufrir después de esos lejanos, extraordinarios y hermosos meses y años de amor que vivieron de 1970 a 1975. No podía no sufrir después de esos más de trece años de luchas, de dificultades, de solidaridad activa y entrañablemente tierna. También sufría, porque tenía claro que aquel hombre que era todavía su esposo sufría. Entonces, lo que ella intentó fue hacerle a él lo menos dolorosa posible aquella separación. Pero lo hizo mal. Muchísimo más rápido y mucho más claro hubiera sido decirle desde el principio: «Lo siento, pero lo mejor es que nos divorciemos, porque yo ahora lo quiero a él». Hubiera sido mucho mejor, porque el paternalismo es un comportamiento que el viejo Dris detesta. El paternalismo minusvalida a cualquier persona que es su objeto, en cualquier situación. Y la pena o la humillación que puede provocar se quedan tan incrustadas en la mente como los años carcelarios. O quizás más, porque la prisión fue angustia, frustración, depresión…, pero nunca fue un dolor tan intenso a nivel psicológico, mientras que un comportamiento paternalista viniendo de Lucile sí fue muy doloroso a nivel psicológico. Al menos, así lo vivió él.

Al día siguiente, ya en el piso de l'Océan, acordaron divorciarse y empezaron las gestiones para ello. Fue fácil. Las condiciones impuestas por el islam para estas cosas se hacen sin ningún tipo de trabas si las dos partes *divorciantes* están de acuerdo. Y, en ese caso, las dos partes estaban más que de acuerdo.

Y Lucile seguía siendo una mujer extraordinaria. Le regaló al expreso su cochecito Renault 4, que estaba en excelentísimas condiciones, y le dejó el pisito de l'Océan, yéndose ella a vivir a otro que alquiló en el centro de Rabat. Y el expreso tuvo más cosas que le facilitaron lo que se podría llamar su reinserción social, a saber que dos excelentes amigos, militantes con él en la UNEM[40] de Toulouse, vinieron a verle y le ofrecieron 50.000 francos mensuales cada uno hasta que encontrase trabajo. Desde el primer o segundo día de su salida de la cárcel, él escribió una carta al Ministerio de Educación Nacional, pidiendo su reintegración en su puesto en la Facultad de Letras. Naturalmente, nunca le respondieron a esa carta. Y él ya sabía que no le responderían, pero quería dejar constancia de que había realizado lo correcto.

En septiembre de 1989 encontró un puesto de profe de lengua española en un liceo privado regentado por un francés. Lo abandonó al año, porque el dueño era un gilipollas. Y, entonces, después de un tiempo en el paro sin ningún tipo de subsidio, y buscando, buscando, entró a formar parte del equipo de redacción de la revista socialista *Libération*, que se publicaba en francés y cuyo director era el señor Mohamed Lyazghi[41]. Por lo que, durante más de un año, las cosas a nivel laboral le fueron bastante bien. Y también a nivel familiar.

Veamos primero a nivel familiar.

Un día en el café *L'Empire* de Rabat (al que iban muchos expresos y muchos policías vestidos de civil) encontró a una chica a la que ya había buscado sin lograr encontrarla: Fátima. La conocía de la cárcel, adonde iba ella a visitar a otros compañeros presos. Le gustaba mucho, soñó mucho con ella, pero mientras

---

[40] UNEM: Unión Nacional de Estudiantes de Marruecos, el sindicato estudiantil que tuvo un relevante papel político durante casi toda la segunda mitad del siglo veinte.

[41] Mohamed Lyazghi, nacido en 1935 en Fez, estudió abogacía y ha sido uno de los dirigentes históricos de la UNFP (Unión Nacional de Fuerzas Populares), que pasó a ser en 1975 USFP (Unión Socialista de Fuerzas Populares).

estuvo encarcelado no podía decírselo. Ni siquiera podía realizar amagos de acercamientos, porque para todos (compañeros de prisión y familiares de compañeros de prisión), él era el marido de Lucile y cualquier atisbo de gesto con otra mujer hubiera sido interpretado como el de un sinvergüenza mujeriego y un hipócrita que se hacía pasar por un hombre serio y respetuoso.

En fin, la encontró, quedó con ella para el día siguiente, le dijo que se estaba divorciando y que quería salir con ella. Ella accedió con la condición de que cada uno conservara su libertad. Y así fue. Pero tuvieron que casarse sin desearlo ninguno de los dos, porque la familia de ella veía con muy malos ojos esa relación con ayuntamientos carnales que no se reconocían explícitamente, pero era evidente que existían. Entonces, ella se puso de acuerdo con él para casarse, diciéndole que no estaba enamorada, pero que estaba dispuesta a intentar esa aventura con él, con la condición de conservar su libertad de pedir el divorcio si así lo deseara.

Fátima es otra mujer extraordinaria. De pequeña, la pudieron matricular en una escuela algo tarde. Cuando su madre la llevó por primera vez, no la aceptaron, porque sólo hablaba *tamazirt*[42]. Después, ya en segundo año de facultad, tuvo que parar en seco sus estudios de historia-geografía, ya que su padre, sin previo aviso, se fue un día con otra mujer, abandonando a la esposa, una señora analfabeta que sólo sabía ocuparse de las cosas internas del hogar y que tenía nada más y nada menos que seis hijos que alimentar, vestir, cuidar… Cuatro chicos y dos chicas,

---

[42]   El *tamazirt* es la lengua de los *imazighen*, los históricamente llamados «bárbaros» por los romanos y demás pueblos posteriores. En cuanto a la palabra *imazighen* (que significa hombres libres), es el plural de *amazigh*. Por cierto, Fátima es *amazigh*, de un pueblo cerca de la pequeña ciudad de Tafraut.

todos estudiando. Por su parte, el primogénito ya estaba casado, tenía sus propios problemas y se desentendió del asunto. Fátima dejó, pues, la facultad y se puso a trabajar, supliendo en parte la ausencia del padre. Fue en esa época cuando la encontró Dris en el café *L'Empire*.

Ella no militaba y no militó nunca en un partido u organización política, pero ayudó a varios presos de la Central de Kenitra, les trajo al locutorio sus ayudas, su risa, su espontaneidad, su disponibilidad, su belleza... Ella veía en esos presos a hombres que luchaban por una sociedad de igualdades y de libertades: igualdad económica, igualdad judicial, igualdad política y, sobre todo, igualdad entre el hombre y la mujer, libertad religiosa, personal y colectiva para criticar y expresar sus opiniones. Más tarde, tuvo varias desilusiones viendo, en algunos de los que abandonaron la cárcel en 1984, y después en 1986, cómo esas visiones idílicas suyas se esfumaban ante algunos comportamientos indecentes y machistas de expresos políticos. A tal punto que se había jurado a sí misma que con expresos nunca más. Pero cuando se encontró con Dris y tuvieron que optar por el matrimonio para continuar juntos, aceptó el reto de unirse oficialmente con el recién salido, pero con condiciones.

Se casaron. Se casaron y al año y medio tuvieron una bebé a la que le pusieron el nombre de Sonia, en recuerdo de la gran señora holandesa de Amnistía Internacional (Sonja de Jong) que apoyó de mil maneras a cierto número de compañeros presos y que tuvo una muy amistosa correspondencia epistolar con Dris.

Y si en lo personal-familiar le iba bien, también en lo laboral avanzaba muy convenientemente su «reinserción», hasta que intervino el Ministerio del Interior.

En efecto, le iba bastante bien en *Libération*, a pesar de que el señor Lyazghi había ordenado que nada de lo que escribiese el nuevo periodista fuese publicado sin que él, como director, diese su visto bueno después de leerlo. De modo que el nuevo periodista encontraba varios trozos eliminados de los artículos que escribía. Él tenía dos rúbricas semanales: la situación en el mundo árabe y los derechos humanos en Marruecos. Claro, eran temas muy sensibles y la USFP, el partido del director, no quería enemistarse ni con el difunto rey de Marruecos, Hassan II, ni con el difunto presidente de Iraq, Saddam Hussein. Sobre todo, este último. Y el señor Lyazghi era un excelente censor, no se le escapaba ni la más mínima crítica. En cuanto a su también difunto amigo Larbi, cuando le contó el nuevo trabajo que tenía y le dijo que el medio en el que escribía era socialista, hizo un único comentario: *«Buenos pajarracos»*. Así, tal cual.

El hecho es que, con su carnet que lo acreditaba como periodista, empezó a conocer a colegas, sobre todo a españoles. No recordaba cómo había contactado con un jefe de redacción de la cadena SER, que le pedía crónicas sobre Marruecos y el problema del Sáhara. Textos de medio minuto, un minuto, dos minutos máximo, si el tema era considerado importantísimo. Le pagaban poco, pero cuando cambiaba las pesetas a dírhams, la cantidad parecía más interesante, y lo era en efecto, porque el nivel de vida en Marruecos era muchísimo más bajo que el español.

También publicaba cositas en *El País*. En este último diario salía lo que el corresponsal en Rabat de ese medio escrito quería que saliese (o sus jefes en Madrid), lo que era totalmente normal. Pero lo anormal era que se aprovechase de artículos redactados por el periodista moro y los publicase en su nombre. Eran, sin duda, cosas de periodistas, o de jefes de periodistas.

Y un buen día de julio de 1991 lo convocó al Ministerio de Información un colega marroquí llamado Maâninou, diciéndole que quería hablar con él «amistosamente».

Aquí hay que explicar un asunto para que todo el mundo lo tenga claro: el ministro de Información en ese momento era (y lo fue durante muchos años) Driss Basri, que ocupaba también la cartera de ministro de Interior. Ese señor (Driss Basri) era un superhombre del majzén: controlaba y orientaba en el sentido que él quería (bajo la batuta del rey Hassan II) todos los demás ministros y ministerios y dirigía con mano de hierro la política represiva del régimen. Así que una convocatoria para una charla amistosa sólo podía significar una cosa: un interrogatorio encubierto y un aviso a navegantes. Y así fue.

Acompañaba al Maâninou un joven en ese amplio despacho al que lo llevaron. Le dio la bienvenida, le presentó al otro, lo puso cómodo, le ofreció té con menta y, después de unos rodeítos para marear la liebre, le preguntó:

—¿Qué has querido decir en el artículo que has publicado en *El País?*

Le leyó un párrafo de ese texto, el párrafo que aseguraba que el régimen marroquí no estaba dispuesto a dejar en manos de los partidos políticos la cuestión del Sáhara.

«Al menos, ya sabemos por dónde van los tiros», pensó Dris.

—Bueno, me vas a perdonar, pero sabes muy bien que eso no es un artículo, es una pequeñísima crónica de menos de veinte líneas de columna.

—Vale, pero ¿qué has querido decir?

—¿Qué he querido decir? Pues lo que he querido decir está escrito.

—Lo que está escrito permite interpretaciones.

—Cada lector puede interpretar lo que quiera.

Las evasivas de Dris no le gustaron al señor Maâninou. Lo miró largamente, miró al joven que estaba con él y, después de un momento de silencio, como con mucha tristeza, decidió entrar en el meollo del asunto y habló de la especificidad[43] de la democracia marroquí, de la imagen de nuestro país que debíamos cuidar a la hora de publicar algo en el extranjero, que nunca le dirían nada por las acusaciones contra el régimen que sacaba en *Libération*. Al final, después de mucho palabreo estúpido, hizo otra pregunta directa:

—¿Estás de acuerdo en que nosotros, los periodistas marroquíes, debemos cuidar la imagen de nuestro país en el extranjero?

—Yo sólo describo algunos pocos fenómenos y expreso algunas pocas opiniones.

—Ah, ¿sí? Pues debes hacerlo con mucho cuidado. Porque tú estás casado, tienes una familia por la que debes velar y una niña pequeña —ahí se le encogió el corazón, sintió que le faltaba la respiración— a la que debes educar para que se haga mayor y sea una buena ciudadana. Si no tienes cuidado, tú sabes que a nosotros, como periodistas, ni nos va ni nos viene, pero hay otras administraciones que te pueden romper la cara.

---

[43] El dictador Francisco Franco también hablaba de «especificidad», asegurando en 1937: «Consideramos que el régimen republicano de parlamentarismo democrático es impracticable no sólo en España sino también en otros países». Ver Fernando Díaz-Plaja, La guerra de España en sus documentos. Plaza y Janés, Barcelona, 1975, p. 35. Al decir «también en otros países», Franco se refería seguro a la Alemania nazi de Hitler y a la Italia fascista de Mussolini.

—¿Ah…?, ¿qué administraciones?

—Tú sabes mucho mejor que yo cómo funciona nuestro país, las conoces perfectamente.

Dris ya no habló más. El Maâninou lo miró fijamente y le dijo fríamente que podía irse. Él se levantó y se fue. El tipo joven que estaba con Maâninou y que no dijo ni mu durante la entrevista era, con absoluta seguridad, un policía. Pero daba igual, la amenaza ya había sido transmitida.

Dris sabía que esa amenaza iba muy en serio. En ese mismo periodo habían secuestrado al militante Abdeslam Mouadden, expreso político en la Central de Kenitra con Dris y los demás, dirigente de la organización *23 de Marzo*, que era el único que se atrevía a proclamar y a publicar artículos en los que afirmaba la necesidad de recortarle los poderes a Hassan II. Fue secuestrado y desaparecido durante unos cuatro o cinco días, después tirado como un trapo viejo cerca de Marrakech, con el pelo al raso y completamente drogado[44].

También secuestraron y le hicieron sufrir el mismo trato a una actriz de teatro, Thouraya Yabran, muy conocida y estimada, que se estaba preparando para una entrevista en una de las dos únicas cadenas de televisión existentes por aquel entonces, para hablar de la liberación de la mujer.

Se tomó, pues, esa amenaza como debía: muy en serio. Y, tres meses después, Fátima, Sonia y él estaban en España. La bebé tenía seis meses.

---

[44] Abdeslam Mouadden, que había sido condenado a treinta años de cárcel en el mismo juicio que Dris, no cambió su discurso a pesar de esa advertencia. Murió arrollado por un vehículo. Dicen que fue un accidente.

Viajaron en el pequeño R4, que iba repleto hasta los topes de cosas. Fátima, mujer práctica si las hay, arrambló con todo lo que podía serles útil en una España a la que iban prácticamente huyendo, con muy poco dinero, sin trabajo y con un futuro más amurallado que la Prisión Central de Kenitra.

Y él, la verdad, iba con mucha tristeza, con muchas incertidumbres y con mucho temor por su bebé.

Después de un viaje de dos días se dirigieron directamente a Rubí, al piso de Pascual, un joven comunista que habían conocido en Marruecos, el cual les ofreció alojamiento hasta que encontraran algo.

Luego estuvieron en la casa de una militante en Badalona, pero eran tres personas, una de ellas una bebé que había que cuidar y alimentar permanentemente. Y que no lloraba mucho, pero lloraba algunas noches y algunos días y acabó molestando a la militante. Entonces volvieron al piso de Pascual. Dris buscó trabajo durante el primer mes como lavaplatos, que es un oficio que ya había practicado en sus tiempos de estudiante. Pensaba que eso sería relativamente fácil de encontrar. Les permitiría tener algo de dinero antes de que se les acabara todo lo que poseían y, mientras tanto, buscaría con tranquilidad otra cosa mejor pagada. Pero ni eso encontró.

Al cabo de ese primer mes, acordó con Fátima ir a visitar a Mari y Alfons, dos viejos amigos que vivían (y viven) en Valldoreix.

Aquí se hace necesario hacer un bonito *flashback,* pensaba el viejo Dris sentado en su poyo frente al estrecho de Gibraltar, porque estos dos nuevos personajes son especiales.

En abril de 1971, la célula clandestina de la que formaba parte Dris en Toulouse decidió enviar a España (concretamente, a

Barcelona y Valencia) a dos de sus miembros para entablar conversaciones con unos militantes marroquíes e intentar formar algún tipo de estructura organizativa. Pero en la frontera de Perthus la policía española encontró unas octavillas que el compañero, dueño y conductor del coche en el que viajaban, había escondido sin consultarlo ni hablarlo con nadie. Esos papelitos hacían un paralelismo entre dos juicios políticos que tenían lugar en esos momentos: el de Burgos y el de Marrakech, y aseguraban con rotundidad que Franco y Hassan II eran dos asesinos. Así que ya no había más que hablar: los llevaron esa misma noche a la cárcel de Figueras.

Allí encontraron a Alfons, otro preso por cuestiones políticas que también había sido pillado en la frontera. Y resultó que Alfons estaba preparando una tesis doctoral en física en la misma facultad en la que el dueño y conductor del coche preparaba también una tesis doctoral en física. Y, como además Dris se puso a hablarle en español a Alfons, pues los tres se hicieron amigos en ese encierro.

Los dos moritos revolucionarios salieron al mes de esa cárcel gracias al dinero que Annie, una amiga de Lucile, militante como ella, logró reunir para pagar la fianza que un juez de Barcelona les había impuesto. El día de la salida de Dris, Alfons le preguntó si podía llevarle una carta a su novia. Naturalmente que sí. Y cuando la novia de Alfons le abrió la puerta de su piso, cerca de la *Place Saint Sernin*, tuvo la enorme y agradable sorpresa de encontrarse frente a Mari, una compañera de clase en el Departamento de Español de la Facultad de Letras, en el château du Mirail.

Más tarde, cuando Alfons salió de la cárcel y volvió a Toulouse, él, Mari, Lucile y Dris se hicieron grandes amigos. No era sólo el aspecto militante, sino su consideración de la vida, de las relaciones, de la solidaridad más allá de lo político e ideológico. Los unió desde el principio su hondo sentimiento democrático, en el sentido de que la democracia no es ni debe ser un concepto válido para usar y tirar, sino un valor que se ha de materializar en el día a día de cada grupo, de cada persona…

Así que Mari, Alfons y sus dos hijas, Violeta y Elena, los recibieron con alegría, afabilidad y cariño. A Fátima aún no la conocían, pero la adoptaron inmediatamente y les propusieron que se instalasen con ellos, en su casa, poniendo una habitación a su disposición. Así se hizo.

En menos de dos meses, los tres inmigrantes recién llegados habían estado ya en Rubí, Badalona y Valldoreix. Claro, gracias a sus amigos no estaban, como muchos otros inmigrantes, en la calle o en refugios de mala muerte. De todos modos, su situación era precaria, dada la manera en que llegaron. Era urgentísimo encontrar ya algún trabajo, alguna fuente de ingresos.

Mari, mujer inteligentísima, activa y eficaz como pocas, además de extraordinariamente generosa y solidaria, entre parientes, amigos, conocidos y búsquedas personales, tenía una base de datos completísima. Puso a su amigo en contacto con el jefe del equipo de traducción español-francés en el marco de las Olimpiadas de Barcelona del año 1992. Y él entonces trabajó allí durante cinco o seis meses. Tradujo duro, tradujo a destajo, haciendo horas suplementarias. Se cansaba, pero nunca en su vida ganó tanto dinero a la hora. Eso les permitió alquilar un piso precioso en Tarrasa, situado en el carrer Sant Jordi, cerca del barrio Ca N'Anglada. Era precioso pero caro para su situación general, pues sabían que lo de la traducción se iba a acabar.

Y, efectivamente, acabado el chollo de la traducción, hubo que ponerse a buscar otra vez. Matricularon a Sonia, a sus nueve meses, en una guardería privada para que Fátima pudiese también buscar algo. Esta no sabía aún nada de español cuando llegaron a España, y la única faena que encontró al principio, esporádicamente, era como limpiadora de escaleras de edificios. Pero un día de 1992 tuvo la suerte de toparse con una chica tarrasense, Cora, asistenta social. En realidad, no fue tan casual ese encuentro: Fátima iba a sitios donde se trabajaba con inmigrantes marroquíes, pensando muy sabiamente que allí podía encontrar algún tipo de faena. Así que, después de conocer a Cora y después de un tiempo en que la ayudó como traductora voluntaria con mujeres inmigrantes marroquíes, gracias a su francés y a las pocas palabras españolas que empezó a conocer, se pusieron de acuerdo para presentar a Càrites Terrassa un proyecto de alfabetización y formación en tareas domésticas a mujeres inmigrantes. El proyecto fue aceptado, con la idea de ir renovándolo cada año si funcionaba bien. De ese modo, tuvo una labor más permanente y mejor pagada, aunque al principio no era mucho lo que cobraba, trabajando media jornada solamente. Ese proyecto fue mejorando año tras año, renovándose, ampliándose a mujeres latinoamericanas y chinas. De forma paralela, su sueldo también iba mejorando año tras año con Càrites Terrassa.

Fátima es una mujer dinámica, inteligente, emprendedora, lúcida… Al año ya tenía relaciones con diversas asociaciones e instituciones. Fue mediadora sociocultural con el Ayuntamiento de Tarrasa; una de las dirigentes de la asociación Vallès Sense Fronteres; coorganizó actividades lúdicas y formadoras en la Casa de la Cultura de Sant Cugat del Vallès; colaboró asiduamente con fundaciones catalanas importantes como Pere Tarrès, Entre-cultures, Serveis de Cultura Popular; fue cofundadora de una asociación que se ocupaba en particular de los menores no acompañados; se formó en cuestiones migratorias y en cuestiones de género; trabajó con colegios para asesorar sobre escolares marroquíes… Todas esas actividades, así como su seriedad y su buen hacer, le granjearon la simpatía de instituciones y personalidades de la vida política y social de toda el área metropolitana de Barcelona y otras ciudades.

Para Fátima, su estancia en España fue una inclusión alegre en un entorno social y laboral que correspondía a su forma de ser, de pensar y de actuar. Pero dejó con pena esos trabajos y su privilegiada situación en 2002, para reunirse con Dris en Marruecos, porque no quería que su hija Sonia creciese y se educase sin la presencia de su padre.

Pero volvamos en el tiempo a esos primeros años de la última década del siglo veinte. Y es que, para él, durante toda su vida, su gran suerte han sido sus amigos. Tono, hermano de Alfons, y Carlos Gabetta[45] habían montado con un grupo de intelectuales un proyecto periodístico bonito y ambicioso: publicar en España el equivalente del mensual *Le Monde Diplomatique,* con la participación del medio parisino. Gracias a Tono, y después de una entrevista con Carlos Gabetta (que era el director), Dris entró como redactor en lo que se llamó *Cuatro Semanas y Le Monde Diplomatique.* El viejo Dris aún conserva los dieciocho números publicados. La experiencia duró dos años: fue bonita y breve.

---

[45]   Carlos Gabetta, nacido en Argentina en 1943, es periodista y escritor.

Bonita y breve, con lo cual se encontró de nuevo buscando trabajo. Menos mal que Fátima y su gran amiga Cora seguían adelante con su proyecto y su esposa seguía ampliando sus espacios de intervención sociopolítica. Y menos mal también que seguían allí sus amigos. Porque Tono, que era presidente de la ONG Cooperacció, lo llamó para escribir unos artículos para la asociación. Empezó como simple colaborador y después lo hicieron responsable de comunicación. Hasta que se salió en 2000 o 2001, para volver definitivamente a Marruecos.

Nunca fue feliz en España, aseguraba el viejo Dris. Pasó allá casi diez años de estancia sin felicidad. ¿Momentos agradables con sus amigos? Sí, muchos, porque sus amigos eran y son gente de una pasta especial, de corazones generosos, de mentes abiertas, de humor contagioso, de risas francas y de palabra honesta.

¿Momentos de agradable emoción viendo que, en parte gracias a esos amigos, iban tirando para adelante y que su hija Sonia iba creciendo feliz y contenta? Evidentemente que sí.

¿Momentos de felicidad con Fátima, en un entorno abierto, de libertad individual y de comunicación sincera, a pesar de las dificultades? Claro que sí.

Pero feliz, lo que se dice feliz, sintiendo en lo más hondo de su ser que estaba en su país, que era igual de español que cualquier hijo de vecino, con los mismos derechos y los mismos deberes, eso en ningún momento lo vivió. O durante muy poco tiempo, justo al principio de su llegada a España. Y fue así, porque su nombre moro lo estigmatizaba por definición o, como mínimo, lo situaba a ojos de una mayoría en una indefinida zona de persona rara, culturalmente extraña, formando parte de esos batallones de inmigrantes que estaban llegando a España. Bastaba con que le dijera a alguien que se llamaba Dris para que lo mirara diferente. Pero no diferente de cualquier manera, sino diferente inferior. Un «John», por ejemplo, o un «Michael» suenan igualmente diferente, pero diferente superior o, como mínimo, diferente igual. Pero un Dris…

—¿Cómo has dicho? ¿Gris…?

—No, Dris, con D de dedo.

Porque, para la mayoría de los españoles, nombre árabe equivalía y equivale automáticamente a moro, y moro es igual casi automáticamente a inferior, o a algo mucho peor. Que él tuviera un DNI español o veinte DNI españoles podía significar, en el mejor de los casos, que era un oportunista que había obtenido la nacionalidad española para aprovecharse de las eventuales ventajas administrativas y financieras que eso le podía otorgar. O sea, con o sin DNI, era un moro, por lo tanto, un inferior y, probablemente, un mentiroso y, a lo mejor, un ladrón y sabe Dios si algo peor.

En España, el moro, el musulmán real o el que se suponía que lo era por su nombre, se preguntaba el viejo Dris si algún día podrá ser considerado automáticamente un ciudadano normal y corriente, porque hasta ese momento seguía siendo algo de segunda o tercera clase. Tenía ejemplos de lo que afirmaba.

Cuando fueron por primera vez Fátima y él a ver a Alfons y Mari, esta le dijo que tenía derecho a postular por una plaza de maestro vacante, para sustituir a los que tenían que ausentarse provisionalmente. Fue a la administración, le dijeron que tenía que escribir una solicitud, la escribió y la entregó junto con un formulario que había rellenado. El señor que estaba allí quizás lo miró o no con extrañeza al ver su nombre, pero le dijo que había errores en lo que había escrito. Pensó que podía ser, que se los enseñara. Le enseñó una frase, la miró atentamente y le afirmó que allí no había ningún error. Entonces le pidió que lo esperara, se fue a un despacho, volvió al rato y admitió que, efectivamente, no había ningún error. Y se le quedó mirando un momentito. Y le preguntó:

—¿Usted sabe catalán?

—No, acabo de llegar a Cataluña, aún no sé catalán.

—Es que, verá, para poder ocupar este puesto en colegios catalanes, usted debe saber catalán.

Él lo creyó, no tenía ninguna razón para no creerlo, así que cogió los papelitos que había rellenado, que el funcionario le alargó amablemente por encima del mostrador, incluso le dio las gracias y se fue. «Bueno», se decía a sí mismo algo enojado y algo preocupado y algo fastidiado, mientras andaba, mientras esperaba el tren, mientras iba sentado en el tren, «habrá que buscar otra cosa».

Mari le aclaró después que el tipo aquel tan amable que había visto errores donde no los había le había mentido: él estaba obligado a pasar un pequeño examen de catalán básico después de dos años ocupando ese puesto.

¡Hay que ver lo que le puede jorobar a uno tener un nombre moro! Pero, claro, eso le ocurre sólo si quiere hacer algo que pertenece a los españoles formados culturalmente, porque si quiere picar piedras o cargar sacos de harina, ningún problema: su nombre moro es lo que se necesita. ¿Se da usted cuenta? ¿Un moro que quiere enseñarles la gramática castellana a escolares españoles? Lo nunca visto: para eso hay que saber catalán.

Abundan en su experiencia personal los ejemplos de esta visión *inferiorizadora* y, a veces, despreciativa que mucha gente en España tiene, por sistema o por ignorancia, de los moros. No quería ser demasiado pesado, así que sólo trajo a colación dos pequeños ejemplos más.

Iban en el tren Sant Cugat-Barcelona un hermano de Fátima y él. Hizo el tren su parada normal en La Floresta, subió una señora guapa y elegante y se sentó frente a ellos. Los dos estaban duchados, limpios, sin barba y correctamente vestidos con ropa europea. En un momento dado —el tren ya estaba en marcha—, Dris dijo algo en árabe. Entonces, la dama los miró con horror, se levantó de un salto y se fue a sentar a otra parte. O a lo mejor saltó primero y luego los miró con horror. El hecho es que se fue de prisa y corriendo a acomodarse lejos de los dos.

Bastaba con ir a un café, que el camarero olfateara en él algún tufo a moro (por su cara, por su acento, por algún gesto diferente…) para tratarlo de otra manera: ya era, por definición, un ser que ni siquiera merecía la atención normal que un camarero normal le debe a un cliente normal. Es verdad que no eran así todos los camareros, pero sí los había y era muy desagradable. Y cada vez que Dris iba a un café por primera vez, se preguntaba «¿cómo será aquí el camarero?».

De estas y bastantes otras experiencias (no siempre personales), el viejo Dris sacó la conclusión de que él, por su nombre moro y por muy español que fuese o por muy español que intentara ser, siempre sería visto como un inferior y siempre esa gente antimora por sistema o por ignorancia le cortaría el paso a ese sentirse español, tal como él hubiese querido. Y, curiosamente —o quizás no tan curiosamente—, fue en ese periodo «español» cuando le volvieron con fuerza a la memoria episodios de su infancia y adolescencia. Y se acordaba del doble rechazo, incluso del triple rechazo existente en la sociedad en la que le tocó vivir su infancia y adolescencia.

De pequeño, cuando su padre lo mandó al monte a pastar cabras, tenía mucho cuidado en no decir que su madre era española, sobre todo al principio, porque los demás chavales lo rechazaban entonces como hijo de *nesranía*, que era como decir hijo de una infiel impenitente y, por lo tanto, él y su puta madre iban a ir directos al Infierno. Y, como de todos modos acababan sabiéndolo, pues se las veía y se las deseaba para convencerlos (o intentarlo al menos) de que su madre era una buena musulmana que aplicaba todas las reglas islámicas y que también él era un buen musulmán, como no podía ser de otro modo en esa delicada situación, diría un político español. Ni siquiera eran mentiras piadosas, eran mentiras grandes como montañas, hipocresía pura por miedo, pero él no tenía otras salidas y ellos parecían creerlo.

Más tarde, ya viviendo en el Barrio, por lo tanto, después de 1959, tuvo un agudo problema de doble pertenencia. Cuando estaba con los españolitos tenía que hacerse lo menos moro posible o, mejor, nada moro. Incluso llegó a hacerse llamar Andrés, en vez de Dris. Porque él, en aquel entonces, también pensaba que los moros eran inferiores, no por pertenecer a una raza humana con cerebros torcidos, sino por su ignorancia, básicamente, por su incivismo, tan manifiesto como sus demasiadas duplicidades. Y claro, cuando estaba con los moritos intentaba por todos los medios hacerse lo menos español posible o, mejor, nada español, porque ellos sacaban lo de su superioridad religiosa. A un morito educado en la idea de que su religión es la mejor, la verdadera, la más correcta por ser la última y la nunca adulterada no hay quien le convenza de lo contrario, salvo si se forma culturalmente mucho, bien y con la mente abierta.

Entonces pasaba lo siguiente:

Todos los españolitos sabían que su madre era española y aunque su padre fuese moro, él tenía un pequeño trocito de español gracias a su madre, por lo tanto, lo aceptaban para jugar al fútbol y a todos sus demás juegos. Y si pensaban que no era suficientemente español, no se lo decían, excepto el hijo del militar que le soltó eso de «moro de mierda».

Con los moritos ocurría lo contrario: salvo los que vivían cerca y que ya eran amigos suyos, ningún morito de Yamaâ El-Mezwak sabía que su madre era española: igual no habría pasado nada si lo hubiesen sabido, porque eran buenos amigos, pero por si acaso Dris nunca lo dijo, y suponía que su hermano Mohamed tampoco. Por las mismas razones, naturalmente.

En definitiva, tenía que ir despojándose de su identidad según el medio en el que se encontraba. Era un quita y pon constante de su identidad con el que iba regateando a diario las exclusiones de los unos por los otros y escondiendo su miedo a los rechazos como podía.

Con los judíos también existían problemas; pero de menor enjundia, podría decirse. Todos ellos tenían la nacionalidad del país donde nacieron, pero los «protectores» les habían otorgado automáticamente la nacionalidad española y los habían españolizado. A tal punto que los viejos judíos, todos, hablaban marroquí, pero los jovencitos de la edad de Dris e incluso con muchos más años, ya sólo hablaban español.

La cuestión de los judíos en Marruecos no era sencilla. Tenían un estatuto particular: no eran ni siquiera súbditos, sino una suerte de servidores obligados del rey, bajo su buena voluntad y, en principio, también bajo su protección. Lo que pasa es que los sucesivos reyes y las sucesivas dinastías de Marruecos aplicaban a las comunidades judías, en las principales ciudades, políticas que respondían a sus necesidades coyunturales: cuando se estimaba que era interesante protegerlos, se les protegía, y cuando se pensaba que había que castigarlos, se asaltaban sus juderías. Parece ser que esos asaltos nunca fueron tan brutales ni tan numerosos como los pogromos de algunos países europeos, pero existieron e hicieron vivir a las comunidades judías permanentemente bajo el miedo de ser asaltadas.

Eso sin contar el racismo anti judío o, como se llama comúnmente, el antisemitismo. El estatuto oficial de las comunidades judías en Marruecos era el de comunidades de la dimma[46], que los obligaba a vivir en sus barrios específicos, sin mezclarse con otras comunidades, y les imponía ciertas restricciones en su trabajo y en sus movimientos. Eran consideradas de hecho y de derecho comunidades inferiores, por lo tanto dignas de menosprecio. Los estereotipos de tipo racista contra los judíos son tan numerosos en Marruecos como lo fueron en Europa en cierta época y como lo son todavía en ciertos barrios de grandes ciudades estadounidenses y en otros sitios.

---

[46] La palabra «dimma», en árabe, significa tanto «protección» como «garantía» o «alianza». El «estatuto de la dimma» fue anulado por el rey Mohamed V y los judíos de Marruecos pasaron a ser ciudadanos como todos los demás, oficialmente con los mismos derechos y deberes.

Era comprensible que los judíos de Marruecos se españoliza-ran (y se afrancesaran con Francia) cuando llegaron los «protec-tores» y les dieron más libertades. Y al españolizarse se volvieron tan antimoros como sus nuevos «protectores». Pero a Dris eso no le preocupaba, sabía muy bien que los españoles de Tetuán, al menos casi todos los que él conocía, también despreciaban a los judíos. Para ellos los judíos eran y sólo podían ser hipócritas, miedosos, usureros, etc. Entonces, inconscientemente, equiparaba el caso de esos judíos con el suyo, con el de los moros: a todos los despreciaban los «protectores».

Él, por su parte, tenía buenos amigos entre sus compañeros de clase judíos, en el colegio de la Alianza Israelita Universal. Sólo uno se salía del conjunto, por su agresividad: era más alto, más fuerte y muy a menudo, por cualquier nimiedad, quería pegarle a Dris. Pero también estaban los demás, que siempre intervenían y le paraban los pies y las ganas de pegar a ese tío.

Aquí el viejo Dris se hacía una observación que no sabía si podía o no podía tener importancia, y es que él se mezclaba con moros, se mezclaba con cristianos y se mezclaba con judíos, pero aparte Larbi (que tuvo una novia judía y bastantes amigos judíos), ningún individuo de esas tres comunidades se salía de la suya para irse a jugar o a estudiar o a ligar o a lo que fuera con la otra. Las separaciones que existían en tiempos de Paquita, allá por los años cuarenta de aquel siglo doble equis, seguían vigentísimas, como si esas tres comunidades viviesen a miles de kilómetros la una de las otras.

Bueno, vayamos ya al grano con lo siguiente: el insulto que más le seguía doliendo, le fue espetado nada más y nada menos que por un guardia civil. Todavía vivían en la huerta. Dris y sus hermanos hacían diariamente a pie los diez kilómetros (ida y vuelta) de su casa a la escuela. Él acostumbraba, cuando encontraba en su camino algún coche aparcado, pasar los dedos de la mano por el chasis, a la altura de las ventanillas, al tiempo que imitaba el ruido de un motor: «Bbrrr…». Un día iba por la mañana temprano —se tenían que levantar pronto para estar en su escuela a las ocho— y frente a una parada de la guagua que se llamaba *mezquita Afailal* y que venía después de la parada *La cantina*, vio un coche aparcado. Sabía que pertenecía a un guardia civil que vivía en una bonita casa con jardín, pero no pensó ni un segundo que eso fuese un problema. Así que preparó su mano y al llegar al coche quiso hacer lo de siempre: recorrer con sus dedos la carrocería de aquel vehículo. Pero no pudo porque fue empezar el recorrido y oír un grito enojado y lleno de enorme odio:

—¡Niño, tócale el coño a tu madre!

«Cabrón, ¿por qué no se lo tocas tú a la tuya?». Eso le hubiera gustado responder, pero era demasiado niño con sus diez/once años y ese hombre era demasiado guardia civil con su pistola al cinto y su tricornio en la cabeza. Así que se apartó del coche y siguió su camino lo más aprisa que pudo, temblando de miedo y de rabia.

El viejo Dris, al evocar el racismo antimoro de la mayoría de los españoles (o, en todo caso, de una gran cantidad de españoles)[47], quiere dejar clara su convicción de que esta lacra de los humanos no era ni es únicamente española. Las actitudes y

---

[47]  Por cierto, el viejo Dris se preguntaba si hay algún país en el mundo en el que alguna empresa de opinión haya realizado una encuesta para calcular el porcentaje de racistas y de no-racistas de su población. ¿Se atreverá a hacerlo alguna de ellas algún lejano año?

los comportamientos consistentes en juzgar sin conocer, en odiar y rechazar por ignorancia, o por miedo irracional, o por ser de una determinada clase social que se cree superior pertenecen a todas las sociedades, a todos los pueblos. El marroquí es tan racista como el español o el francés o el alemán o el ruso o el chino…, y no digamos el estadounidense antinegro o el israelí antiárabe en general y antipalestino en particular.

Entonces, ¿por qué le dolió tanto ese racismo antimoro en España y prefirió volver a Marruecos? Es fácil, al menos para él eso tiene una explicación fácil y una justificación fácil.

La explicación es que en Marruecos nadie lo rechazará por sistema o por ignorancia o por racismo a causa de su nombre o de los rasgos de su cara. Y si se disputa o se pelea o se insulta con alguien (eventualmente), será en igualdad de condiciones, al menos teóricamente, en la mente de él y de quien sea su contrincante. En España nunca será así. En España, el personaje más insignificante en la escala social (salvo las personas de mente abierta, sencilla y honesta, que hay muchas, tanto bien formadas y cultas como sin formación) lo mirará siempre por encima del hombro y lo considerará siempre un inferior a causa de su nombre o tal vez a causa de su cara y de su acento. Y el problema no es que haya eventuales peleas o no (él no se pasa la vida peleando, al contrario), sino que en cualquier sitio individuos ignorantes o racistas o estúpidos o las tres cosas juntas le escupan a la cara su desprecio, de muchas y diversas maneras. Vivir ese desprecio escupido por españoles, cuando él se siente o se quiere sentir tan español como el que más, es difícil de soportar. Al menos para Dris, el cual, en cuanto tuvo la oportunidad de volver a Marruecos en condiciones más o menos correctas, lo hizo.

Nunca estuvo bien en España. Sentado en su poyo frente a las costas gaditanas, sentía que un ligero y suave dolor, como una lágrima silenciosa, le recorría las entrañas. No siempre era así, pero a veces le ocurría.

La vida seguía, sin embargo, y él esperaba en el fondo de sus esperanzas que ese brazo de mar tan peligroso, algún día los hombres y las mujeres hiciesen de él un puente ancho y seguro que una a dos países y a dos continentes. Podría ser el primero de la historia de la humanidad.

# Capítulo IV

# EL RETORNO

El retorno a Marruecos no fue igual para Dris, Fátima y Sonia.

A su pequeña no le fue tan fácil adaptarse a su nueva situación. Ella era (y es) una chica recta, que no tenía ni doble lenguaje ni doble moral. Las cosas claras y directas. Se encontró sin embargo en un medio en que los demás peques ya iban asimilando ese doble lenguaje y la doble moral subsiguiente. Y no es que el viejo moro los culpara por eso, es que eran (y son) comportamientos que iban asimilando desde que comenzaban a tener uso de razón, porque muchos papás y muchas mamás los ponían en práctica en su vida diaria, en sus relaciones, en su trabajo, y esas prácticas son las que las niñas y niños interiorizaban y reproducían. Le ocurrió, pues, lo siguiente a la pobre Sonia en su nuevo entorno, en esos primeros dos o tres meses en el colegio español de Rabat: hablando con sus colegas de clase de cosas de religión, les dijo que no creía en Dios. Entonces le hicieron el vacío, se transformó para una mayoría a partir de ese momento en una suerte de indeseable apestada.

Con el paso de los días y los meses, un día les dijo a Dris y Fátima:

—Papá, mamá, quiero hablaros.

Ellos dos se miraron algo extrañados y le dijeron que de acuerdo. Les hizo sentarse frente a ella y les anunció que creía en Dios. Entonces, Fátima le preguntó:

—¿Cuál de ellos, el de aquí o el de España?

—El de aquí.

Su padre le dijo entonces que muy bien, que ella era libre de creer o no creer en Dios, que eso era una cuestión suya muy personal y nadie tenía derecho a imponerle una cosa u otra.

Al siguiente mes de diciembre, Fátima, Dris, Sonia y unos amigos españoles viajaron en coche para pasar las navidades y el fin de año en Sant Cugat. En el camino, Sonia se puso a relamerse de gusto:

—¡Qué alegría, por fin vamos a comer mantecados y jamón y *pa amb tomàquet*[48]!

Uno de los amigos españoles, bromeando, le dijo que ella, como musulmana, no debía pensar así y mucho menos comer esas cosas *haram*, ilícitas y prohibidas, que Dios la podría castigar. Su respuesta saltó espontánea, rápida y clara:

—No digas tonterías. ¿Tú te crees que Dios va a estar pendiente de lo que yo coma o deje de comer, mientras se ocupa de los pobres niños africanos que se están muriendo de hambre?

De todos modos, ella siguió pensándose como musulmana, de modo que unos tres o cuatro años después de su conversión, cuando iba por sus catorce-quince primaveras, al llegar el mes de ayuno, dijo que quería hacer el ramadán, es decir, ayunar diurnamente durante ese mes. Sus padres, muy solícitos, la ayudaron para que comiese de noche, antes de la oración del alba. Y por la mañana se fue al cole sin llevarse evidentemente su habitual bocata mañanero. A eso de las once/doce, empezó a azuzarla el hambre y ella no estaba acostumbrada a eso. Entonces se le ocurrió ir a pedirles a los más pequeños que le dieran un poco de lo que estaban comiendo. Los peques la sacaron del apuro.

Al segundo día de ayuno, se llevó su bocata asegurando que no, que por nada del mundo se lo comería, que iba a resistir. No resistió. Y ya no hizo más el ramadán. Es más, unos meses después,

---

48 Bocadillo con tomate rayado sobre el pan y aceite de oliva.

le anunció a un grupito restringido de amiguitas que eran más o menos como ella:

—¡Otra vez me he vuelto atea!

También informó de ello a sus padres. Ellos le comunicaron que seguía siendo libre de elegir lo que quisiera.

Fátima, antes de casarse con Dris, ya le había dicho que ella quería instalarse en Europa. Y Dris le había dicho que él también. Ella pensaba en un país como Alemania, él en un país como Francia. Al final, se encontraron en un país como España, antes de lo que pensaban y en condiciones que no habían imaginado.

Fátima, que es una mujer inteligentísima, dinámica y con enormes capacidades, se había hecho unos espacios laborales y sociales de extraordinaria importancia y muy gratificantes, como ya se ha dicho. En cada rincón que pisaba se las arreglaba, con su empatía y simpatía, para aumentar el número de sus amigas y amigos. En el trabajo era apreciada y valorada tanto por sus jefas y jefes como por las migrantes que formaba, en compañía de Cora y de otras personas como sicólogas y sicólogos y asistentas sociales… Su alegría iba aumentando cada día más. Al contrario de Dris. De modo que cuando él decidió volverse a Marruecos, ella dijo en un principio que se quedaba en España, pero después de un año y algo decidió reunirse con él. Hasta hoy día, sigue lamentando ese retorno forzado al país de sus ancestros.

Y a Dris, que ya iba para viejo a marchas forzadas con sus 55 años, pues le fue regular, pero no se arrepintió de haber retornado, porque en Marruecos se sentía y se siente más cercano a la gente normal y corriente, más igual.

Claro, en diez años de ausencia, se encontraron con novedades. Se hablaba mucho de la nueva era, del talante abierto y hasta democrático del nuevo rey… Dris, en ese contexto, iba oteando, a ver qué iba a pasar. Daba clases en la Facultad de Letras de Rabat, se encontraba y hablaba con muchos expresos políticos, que conformaron de manera casi natural sus nuevas amistades por Rabat y Casablanca, e iba en cuanto podía a Tetuán. Él no sabía exactamente cuál era la razón de sus escapadas a su ciudad natal (¿o a lo mejor sí?), pero alguna fuerza lo arrastraba hacia ella. Allí estaban muchos recuerdos suyos y al pasear por sus calles parecía como que los recuperaba. Y allí estaba Larbi. Él y su amigo almorzaban a menudo en el restaurante de la casa de España, porque allí podían saborear tranquilamente buenas tapas, beber cerveza y vino. También iban a beber con un excelente amigo, Abdelkebir, y otras personas de las que no se acordaba muy bien el viejo Dris. Después dormían en la casa de Amsa (a unos 17 kilómetros de Tetuán), en la que el amigo se había instalado definitivamente. A veces iba con él a sus turnos nocturnos en el hospital y se quedaban largos momentos charlando. Hablaban de todo, del bonito y al mismo tiempo triste y pesado pasado, del difícil presente y del oscuro futuro.

Oscuro futuro, porque las pocas esperanzas de buenos cambios para el país que a Dris le habían transitado por la mente a la muerte de Hassan II, se le disiparon muy pronto. Se le esfumaron aquellas ilusiones de que con el nuevo rey la situación política y social iba a poder mejorar. Y su amigo tenía la misma percepción. Y no digamos ya Fátima, que en ningún momento creyó en la posibilidad de futuras mejoras.

Los dos hombres se sentaban al final del ancho y largo pasillo del laboratorio de análisis médicos. De mesa había un pequeño taburete sobre el que ponían unas latas de cerveza *Flag Pils* (la más barata, pero es relativamente buena), un paquete de tabaco *Casa-Sport* rojo y un cenicero, con lo que ya no había para poner más cosas. Tampoco es que necesitasen más sitio porque eso era lo único importante en ese momento: la cerveza y el tabaco, las dos sillas para sentarse, un aparato pequeñito de televisión en blanco y negro, que a lo mejor algún día fue de color.

—Cuando te vayas saldré contigo a comprar tabaco.

—Vale.

Eran esa noche más de las nueve. Los de la tele hablaban, pero nadie les hacía caso al final de ese pasillo donde se abrían cuatro puertas: una era la del laboratorio propiamente dicho, otra la de una sala donde los dos funcionarios que trabajaban de noche por turnos habían puesto sendas camas y otros muebles, la tercera correspondía a un váter occidental y la cuarta a un váter turco del que los dos funcionarios habían hecho un rincón-cocina. Así que había cuatro puertas, dos sillas, una tele que nadie sabía lo que estaba diciendo, un taburete, latas de cerveza, un paquete de cigarrillos ya casi vacío, un encendedor, un cenicero, ellos dos y muchos recuerdos.

Cada hombre tenía los suyos, porque cada hombre tenía su propia vida. Los recuerdos de los dos hombres convergían porque también tuvieron vivencias comunes. De eso se trataba. Por eso los elementos colocados expresamente al final del pasillo tenían su importancia: parecía que les daban salida a los recuerdos y los amueblaban. Y esa noche, precisamente, recordaron muchos eventos y momentos de su pasado. Entre los cuales salió a relucir algún que otro rescoldo. Esa noche de 2002 habló primero el amigo Larbi:

—No sé si te acuerdas de nuestras conversaciones de cuando tu mujer trabajaba en Arcila, que tú ibas allá y no tenías trabajo.

El amigo Larbi estaba aludiendo a octubre o noviembre de 1973, cuando a Lucile le dieron un puesto de profesora de francés en el único colegio que había entonces en Arcila. Respondió el amigo Dris:

—Me acuerdo de la época.

—Bueno, pues tú me decías… Es decir, hablábamos de la situación del país y de lo que puede hacer cada individuo. Yo me acuerdo muy bien que tú me decías hay que hacer algo por este pueblo, hay que trabajar, hay que luchar, y yo te decía…

—Claro, esa era mi posición en ese momento.

Los dos hombres hablaban en español, era su más cálida lengua de comunicación. También poseían el árabe marroquí, pero los recuerdos de ellos dos venían en español y salían en español.

—Por supuesto que esa era tu posición, yo te decía Dris, hay que pensar serenamente, ver las cosas como son.

—La verdad es que tú siempre has visto mejor que yo todos estos asuntos.

—No, lo que pasa es que yo tenía una experiencia social y laboral, hacía más de diez años que trabajaba en este laboratorio y veía lo que hacía la administración, lo que hacían los sindicatos y conocía a muchos hijos de su madre dirigentes de partidos, entonces, claro…

—Desde luego, yo en ese momento no tenía ninguna experiencia laboral.

—Pero, bueno, tú eres un político, tú…

—Yo no soy un político.

—Pero tú habías hecho mucha política.

—Bueno, sí, estaba en ese momento metido en política, antes de que me llevaran a la cárcel, pero era una política desvinculada de la realidad social, de cómo es la gente, cómo se relaciona la gente y cómo funcionaba el majzén, que no es tema baladí.

—Exactamente. Yo te decía: Dris, hay que pensar en labrar su porvenir, tú debes pensar en tu familia, en tu vida, y tú: hay que trabajar por este país, hay que luchar… Me metías cada palabrita, así como de pasada, que hasta me arrepentía de tratar el tema contigo. Macho, eso…

—Ah, ¿sí?

—Joder, pues no lo recuerdo bien. Mira, tú pensabas que yo era un egoísta total, que no me importaba nada de lo que pasa en este país, y lo que ocurre es que yo ya tenía muy claro lo que busca la gente a través de la política, al menos en este país, porque no puedo hablar de otros.

—No te creas que la diferencia es muy grande, sólo que aquí el nepotismo…

—¿El qué?

—El nepotismo, el hecho de favorecer a tu pariente o a tu amigo porque es tu pariente o tu amigo, sin que se lo merezca, pues aquí el nepotismo y la corrupción están mucho más extendidos, sin hablar de la represión, de la falta de libertad, de todos los abusos habidos y por haber.

—Claro, y tú no te dabas cuenta de esas cosas, mientras que yo las tenía más que vistas, pero, macho, esas palabritas que me endilgabas de vez en cuando sobre el que se sacrifica y el que sólo piensa en sí mismo… Y, claro, yo era el que sólo pensaba en mí mismo, pues de verdad que me arrepentía de hablar contigo de esos temas.

—La verdad es que tienes razón, y lo siento, pero, oye, ¿sabes lo que me ocurría a mí? Yo, al ir a Francia y conocer la realidad del 68 cambié completamente, porque allí me encontré con gente altruista que se sacrificaba por los demás, o al menos me lo parecía, que pensaba en el futuro de toda la humanidad…

—El futuro de la humanidad, casi na. ¿Qué os creíais, Dios?

—Casi, casi…, a pesar de que en principio todos éramos ateos. Pero había aspectos buenos en lo que hacíamos, a saber: salíamos de nosotros mismos, de nuestros problemas individuales para ocuparnos de todo el globo terrestre o, como mínimo, de nuestro país. Eran transformaciones profundas. Al menos para mí lo fueron.

—Claro, claro…

—A ver, Larbi, no quiere decir que teníamos la verdad absoluta de lo bueno y lo malo del mundo, pero fueron trans-formaciones profundas y necesarias, porque lo que queríamos hacer no era moco de pavo, o sea, implantar la igualdad universal. Personalmente me lancé en cuerpo y alma a salvar a mis hermanos humanos, empezando por los marroquíes, claro, y todo lo que no iba por esos derroteros que yo tenía fijos ante mis ojos había que eliminarlo de cualquier manera, fueran burgueses, pequeño-burgueses, individualistas, propiedad privada… Y para eso había que sacrificarse. Era lo único válido para salvar a la humanidad y era el precio a pagar, y tú eras un pequeño-burgués.

—Ya veo, pero cuando uno no se da cuenta del gallinero en el que está metido, le van picando las gallinas y los patos, mordiendo los perros… Y cuando quiere abrir los ojos, ya está desangrado, sin fuerzas para nada.

—Bueno, no creo que fuese para tanto. El otro día, si mal no recuerdo, decíamos que todo compromiso es una experiencia de la que hay que saber sacar conclusiones positivas, aunque lo pases mal en un momento dado.

—Exactamente, por eso yo he animado a mi hija Iman para que siga adelante con Fuerzas Ciudadanas, para que no se quede sola, y no sólo eso, sino que ella puede aportar mucho. Es inteligente, te lo aseguro, ¿eh? Es muy inteligente, pero también es testaruda. Cuando se le mete una idea entre ceja y ceja, no hay quien se la arranque, macho. Es como su madre, que en paz descanse.

—Y un poquito como su padre.

Larbi y Dris sonríen y ríen, íntimamente cómplices en el conocimiento que se tienen el uno del otro.

—En fin, no lo sé, pero creo que es bueno para ella hacer algo que sea positivo para este pueblo, porque tiene ideas y ganas, y es honesta, aunque estará con gente bastante menos honesta y muy manipuladora.

—Ah, ¿sí?

—Si ya se están peleando, macho, ya hay problemas por culpa de unos tíos —mejor dicho, de un tío— que de la democracia sólo sabe el nombre y es rico y tiene a personajillos a los que manipula y hace con ellos lo que quiere. Este país es un país de lameculos, joder, porque este tío que se comporta como un dictadorcillo aquí les está lamiendo el culo a los jefazos de Rabat y Casablanca, y es evidente que sólo busca el poder, es que todos andan buscando el poder.

—Eso es normal.

—¿Quééé?

—Espera, espera, es normal que el que hace política busque el poder, todo el que hace política busca el poder, lo que pasa es que hay dos maneras diametralmente opuestas de aplicar ese poder cuando se logra: una es para llenarse uno los bolsillos a expensas del pueblo y otra es para mejorar la situación del país y de la gente en general, es decir, una es nociva totalmente y otra puede ser muy positiva, porque se trataría de aplicar un proyecto de sociedad, un proyecto de mejoras generales y eso es, estoy seguro, lo que persigue Iman.

—De mi hija estoy seguro. Gracias a Dios, su madre, que en paz descanse, le ha inculcado los mejores valores sociales y personales.De lo que no estoy seguro es de la gente con quien está, yo no sé qué estará buscando la cúpula del partido este.

—Pues vamos a esperar un poco a que acabe su congreso nacional, a ver cómo nos presentan el futuro del país.

—Cuarenta años de robos a mano armada, macho. ¡Cómo no va a empeorar la situación del país! Lameculos y ladrones por todas partes.

—Bueno, a lo mejor hay suerte con Fuerzas Ciudadanas.

—A lo mejor.

No hubo suerte con Fuerzas Ciudadanas.

Por esas fechas de primeros del siglo veintiuno, Dris a veces iba a presenciar actos de algunos partidos o simulacros de partidos que iban apareciendo y desapareciendo rápidamente esos primeros tiempos de la época del nuevo rey. Él iba como tanteando el terreno, a ver si vislumbraba en la lejanía a alguien o alguna organización con planteamientos políticos para un futuro democrático, de igualdades básicas, de libertades individuales y colectivas, sin religiones obligatorias, sin dogmas, sin líneas rojas que hacen de la democracia en Marruecos una mentira hipócrita y una broma trágica.

En 2003 fue a uno de ellos, de una organización que se llamó a sí misma Colectivo Democracia y Modernidad. Denominaron su acto, al que se desplazó especialmente de Rabat a Casablanca, conferencia-debate, pero fue una simple sucesión de mesas redondas con temas sobre la utilización del islam por la política, la cuestión de la enseñanza, etc. Dris, cuando oyó la intervención de Abdelali Benammor y comenzó a oír la de Abdelhadi Butaleb (dos de los líderes), se largó con viento fresco. Dicen que a los intelectuales les gusta hablar, pero si además de intelectuales son viejos zorros de la política, se pasarían la vida entera oyéndose hablar para no decir nada o casi nada. Se trataba de explicar qué Marruecos quería el Colectivo Democracia y Modernidad.

Y lo que quería el Colectivo era, de hecho, que todo siguiera igual. Lo que más le decepcionó es que no optaba por una defensa clara del laicismo como marco que ofrece la posibilidad efectiva de que cada individuo adopte la creencia o no creencia que mejor le vaya. Ambigüedades y vaguedades sobre religión de apertura, religión de tolerancia, lo que no significa absolutamente nada a nivel político. En ningún momento se explicó que la religión debía de ser, constitucionalmente hablando, una cuestión de libre decisión individual, y que la esfera religiosa, con el rey como «príncipe de los creyentes», debía estar estrictamente separada de la esfera política, en la que se tomaban y se toman las decisiones económicas, jurídicas, educacionales que conciernen a todos los ciudadanos de este país, cualquiera que sea su religión o su no-religión.

Tampoco se dijo qué tipo de ley educativa había que implementar, qué programas educativos impulsar, qué valores inculcar… Y, por supuesto, en ningún momento se pusieron en cuestión los super poderes del rey. ¿A qué democracia y a qué modernidad se alude si no se cuestionan esos poderes del monarca? ¿Cómo puede ser democrático un sistema político si un solo hombre, por muy rey que sea, tiene la potestad de decidirlo absolutamente todo?

Dris mandó redactar estos recuerdos (allá por 2017) pensando sobre todo en su madre, pero dada su personal trayectoria, le es difícil —imposible se podría decir— no incluirse en el relato. Natural y espontáneamente, salen entonces a relucir sus ideas sobre las situaciones de sus dos países y de sus dos nacionalidades y no puede evitar intentar explicar comparativamente sus puntos de vista. Así que lo que viene a continuación son sus percepciones sobre Marruecos y España, y a lo mejor el lector (si le apetece y prefiere limitarse al relato de las vivencias de Dris y su madre) puede saltárselas y pasar directamente a la página 220, después de donde pone: «Amigo mío, eres republicano y vas con dos reyes a cuestas».

La cuestión de la democracia tiene seguramente por delante años muy difíciles en Marruecos, se pensaba para sí mismo el viejo moro con algo de tristeza. A él le parecía que un tema fundamental en este contexto de necesario cambio político, para pasar de una dictadura que ni siquiera tiene la valentía de reconocerse como tal a una verdadera democracia, es comprender que el pueblo marroquí, hasta principios del siglo veinte, no había conocido el proceso de desarrollo económico e intelectual que en Europa empezó con el renacimiento y desembocó en la revolución burguesa. A partir del momento en que se instaló el protectorado en 1912 en Marruecos, el país entero, en unos treinta/cuarenta años, dio una suerte de salto histórico y pasó de la edad media al capitalismo prácticamente sin transición. Pero no se trató de un proceso interno normal de las fuerzas económicas e intelectuales propiamente autóctonas: fue un proceso demasiado rápido en el que la acumulación capitalista se hizo casi al 100 % en beneficio de los «protectores», es decir, de capitales externos que beneficiaban básicamente a otros países. Los extranjeros se llevaron las mejores tierras, se apropiaron todas las minas de metales preciosos y menos preciosos, trajeron de España y de Francia sus máquinas, sus industrias, sus coches, sus trenes, sus barcos, sus aviones cuando empezaron a haber aviones, también sus técnicos, sus profesores, sus empleados, sus agricultores, sus trabajadores más o menos formados…, y los implantaron en el país supuestamente protegido.

Las carreteras que construyeron, los ferrocarriles y en general las infraestructuras tenían dos objetivos fundamentales: un objetivo militar y un objetivo económico para beneficio y lucro financiero de los colonos, dejándoles quizás a unos cuantos autóctonos formados algunos restos y a los no formados sus brazos y un poco de salud para que pudiesen trabajar, etc.

Eso significó que el ya de por sí débil desarrollo económico interno marroquí se vio asfixiado y completamente bloqueado. De modo que, si exceptuamos una pequeñísima minoría mora afín a los «protectores», compuesta principalmente por dirigentes títeres que se dejaban mansamente manipular, la inmensa mayoría de los marroquíes siguió viviendo en la pobreza más grande, en la ignorancia más supina y en la superstición más oscurantista.

Pero los «protectores» no sólo se ocuparon de economía y finanzas. Se ocuparon de todo. Menos la política religiosa, la destinada específicamente a los musulmanes y la destinada específicamente a los judíos, los «protectores» dirigieron la política interior, la política exterior, la política militar, la política económica, la política financiera, la política educativa… Todo estaba en sus manos.

Hablemos, pues, de la política educativa, que es la que interesa en estas rememoraciones.

Resultó que eso de mantener al pueblo en la ignorancia fue una de las tareas más importantes de los «protectores»: ellos, que entraron a sangre y fuego en el país para civilizar a los protegidos, fueron los difusores más grandes de la ignorancia durante el sistema político, económico, social y cultural de la llamada época de protectorado. En el campo marroquí no se construyeron escuelas modernas hasta bien entrada la década de 1940, ante el empuje del movimiento pro-independencia y la reivindicación nacionalista de escolarizar a todos los niños moros y a todas las niñas moras. El mundo rural, que representaba más del 70 % de la población a mediados del siglo veinte, había seguido estando abandonado a su suerte y, en cuestión de escolarización y alfabetización, tan sólo contaba, allá donde las había, con las poquísimas escuelas coránicas, que constaban de una sola habitación con esteras sobre las que se sentaban los chiquillos y donde se les enseñaban algunos versículos, los justos para poder rezar. Eso cuando los padres podían enviar a sus hijos a esas escuelas, en vez de ponerlos a trabajar en casa, en las labores del campo o en otros menesteres.

En las ciudades, muy pocos niños y niñas, hijos e hijas de los «protectores», se quedaban sin escuela, mientras que la grandísima mayoría de los niños y niñas protegidos se quedaba sin escuela. Poquísimas escuelas primarias fueron construidas, muchas menos escuelas secundarias[49] y ninguna universidad para los protegidos. La primera universidad moderna que se construyó en Marruecos lo fue después de la obtención de eso que se llamó independencia[50].

Los «protectores» no formaron médicos autóctonos, ni abogados, ni profesores, ni ingenieros, ni agrónomos, ni economistas, etc. Los poquísimos que existían en el año 1956 cuando se tuvieron que ir franceses y españoles pertenecían en gran medida a las familias pudientes favorables al sistema de protección y a los «protectores», es decir, judíos y musulmanes afines.

La obra civilizadora de los «protectores» se había quedado en lo que era desde el principio: una gran mentira. Porque ellos no querían civilizar, querían ocupar el país, dejar en la ignorancia a los marroquíes para tener una mano de obra masiva y aprovecharse de las posibilidades económicas que esa situación ideada e implantada por ellos les permitía. De modo que en la realidad de los hechos y de la historia lo único importante que hicieron en educación, alfabetización y civilización fue suplantar al sistema majzeniano, que, durante siglos, había obligado a ese pueblo a quedarse prostrado en una situación de pobreza rayana en la miseria a nivel económico, en una situación de ignorancia y superstición a nivel cultural, y en la sumisión casi total a nivel sociopolítico.

---

[49]   En Tetuán, «capital» del protectorado, había dos escuelas secundarias para españoles (una para chicos y otra para chicas) y una sola para marroquíes varones, y solamente a partir de 1940.

[50]   La Universidad Qarawiyyin empezó a funcionar en el año 977 de Cristo. Se impartían ante todo estudios islámicos (ver referencias en Universidad Karawiyyin, in Google).

Con el protectorado, el pueblo marroquí pasó de tener una clase dominante autóctona que difundía la ignorancia, a una clase dominante extranjera, igualmente promotora de ignorancia, que se autoproclamó protectora. Esta última, además de adueñarse de prácticamente toda la economía, quiso dividir a los autóctonos, y en parte lo consiguió, en *imazighen* contra árabes, por un lado, y en musulmanes contra judíos por otro[51].

No era nada extraño en ese contexto de una supuesta protección que disimulaba una real colonización y un verdadero empobrecimiento de la mayoría de los marroquíes que aparecieran fuerzas reivindicando espacios económicos y políticos que les permitieran desarrollarse. Fue un proceso que culminó en el nacimiento del movimiento de lucha por la independencia. Un movimiento que incluía fuerzas de derecha y fuerzas de izquierda, y más concretamente, fuerzas que reivindicaban únicamente libertad, sin especificar en qué consistía eso (caso del Partido Istiqlal, PI, y del Partido Comunista de Marruecos, PCM), y fuerzas que reivindicaban libertad y democracia, lo que ya era algo más explícito (caso del Partido por la Democracia y la Independencia, PDI)[52].

Tanto el PI como el PDI tenían como referencia ideológica básica el islam, pero el PDI fue el único que, desde el principio, planteó la necesidad de la democratización de las instituciones

---

[51]   El llamado «dahir bereber», ideado por los franceses en su zona, la nacionalización de los judíos por los españoles en la suya.

[52]   La historia de la lucha por la independencia aún no se ha hecho en Marruecos. Los historiadores en este país prefieren mirar para otro lado o limitarse a repetir lo que afirman, por una parte los partidos involucrados, y por otra parte, el majzén. Sólo unos cuantos se atreven a describir algunas verdades históricas y, por eso mismo, están siendo perseguidos, como es el caso de Maâti Munŷib.

después de la marcha de los colonizadores, en particular de la monarquía. El PI, por su parte, tenía otro objetivo totalmente contrario: ser un partido único para dirigir toda la política nacional, con una monarquía a sus órdenes. El resultado fue que cuando se obtuvo lo que dijeron que era la independencia, el PI actuó para liquidar físicamente a todos los que se le oponían o se le podían oponer, en particular al PDI y al Partido Comunista.

El PI organizó milicias armadas que secuestraron, encerraron en multitud de lugares clandestinos, torturaron, asesinaron e hicieron desaparecer a centenares de militantes, entre ellos a varios importantes dirigentes del PDI[53].

En esa situación de una grandísima mayoría del pueblo marroquí sin formación y sin cultura, y una pequeña minoría formada, los hombres y organizaciones que habían asimilado la necesidad de la democracia y que podían haber jugado un papel en el periodo posterior a la supuesta independencia fueron decapitados. Y sólo subsistieron fuerzas políticas básicamente no-democráticas: el PI, la UNFP (Unión Nacional de Fuerzas Populares, escisión en 1959 del PI) y el PCM (Partido Comunista de Marruecos). Fuerzas políticas que, aun cuando se pretendían democráticas y/o de izquierdas y progresistas, funcionaban a la manera majzeniana: internamente eran relaciones jerarquizadas de líderes indiscutibles a militantes obedientes y sumisos. En la actualidad, este tipo de funcionamiento sigue muy vigente en casi todos los partidos en Marruecos.

---

[53]  Mehdi Moumni Toujkani: *Dar Bricha ou L'histoire d'un disparu*. Kalimate édition, Salé, 2021.

Las nuevas tendencias que aparecieron a finales de la década de 1960 y principios de 1970 (en particular, las marxistas-leninistas, en las que militó el joven Dris) tampoco tenían mucho de democráticas, puesto que su objetivo era la instauración de un régimen político de partido único. Y no digamos las organizaciones islamistas radicales, que querían y quieren implantar su particular y retrógrada visión de un islam rígido para dirigir ellos solitos también y a golpe de mazazos coránicos a todo un pueblo.

La pugna entre la monarquía y los que querían derrocarla (los llamados progresistas) o someterla a sus designios (en particular el PI), acabó con el triunfo de la monarquía. Por lo que se abrió un largo periodo de estancamiento a partir de la década de 1980. Hubo un corto lapso de tiempo, después de la muerte de Hassan II en 1999, que fue una suerte de paréntesis de espera, de esperanza, etc. y muy pronto después de desilusión. Hasta que estalló, sin que nadie se lo esperara, la primavera árabe. Fue en 2010. Después de Túnez, a lo largo y ancho del llamado mundo árabe salieron a las calles miles y miles de manifestantes denunciando la miseria, las condiciones sociales, la corrupción, y exigiendo, básicamente, democracia y justicia social. Fue un clamor casi unánime que hizo creer a muchos analistas árabes y occidentales que se trataba de una revolución y que a partir de ahí todo iba a mejorar.

El viejo Dris, que participó en varias de esas manifestaciones en Casablanca, en Rabat, en Tánger, vio desde el principio que nada iba a mejorar. Por una razón muy sencilla: ese extraordinario movimiento de protesta era también un angustioso grito de desesperación sin brújula, un estallido que no sabía hacia dónde iba. ¿Democracia? Sí, evidentemente, pero ¿qué democracia? Y, sobre todo, ¿quién iba a llevar a buen fin todos esos movimientos en cada uno de los países en los que tuvieron lugar? Dicho de otro modo, eran movimientos sociales espontáneos, y ese tipo de movimientos siempre han sido un maravilloso caldo de cultivo en el que saben nadar y sacarle los mejores jugos para sus intereses los servicios secretos de las grandes potencias occidentales y no occidentales. La CIA, el Mossad, servicios de inteligencia de Francia, España, los de Japón y China... Cada uno de esos servicios intervino en el país o región que más le interesaba e hizo volar por los aires las reivindicaciones de esos millones de manifestantes que pedían cosas muy sencillas: justicia social, dignidad, algo de democracia, etc. Y pusieron en el poder a otros dictadores para que todo siguiese igual o empeorase.

En Marruecos, el rey actuó con bastante inteligencia. Prometió y ordenó redactar una nueva constitución, que iba a ser muy democrática. ¿Cuál fue la realidad? La constitución marroquí de 2011 estipula:

Artículo 50:

*«El Rey promulga las leyes»;*

Artículo 51:

*«El Rey puede disolver por dahir las dos Cámaras del Parlamento, o una de ellas»;*

Artículo 53:

*«El Rey es el jefe supremo de las Fuerzas Armadas Reales»;*

Artículo 56:

*«El Rey preside el Consejo Superior del Poder Judicial»...*

¿Es necesario seguir enumerando los poderes del rey? El hecho es que, además de lo que la constitución le otorga al monarca, existe en Marruecos lo que el viejo Dris llama la cultura de la sumisión. Estos poderes reales, de hecho y no siempre de derecho, existían desde que se constituyó el país como tal, y fueron configurando unas relaciones de vasallaje, de *inferiorización*, de sumisión de los menos poderosos a los más poderosos y materializando en la realidad sociopolítica una jerarquización casi absoluta. El besamanos del rey es tan sólo un pequeño ejemplo de ello. Las llamadas líneas rojas es otro ejemplo.

A la llegada de los «protectores», Marruecos era un país profundamente patriarcal. Cuando se tuvieron que ir los «protectores», el país seguía siendo profundamente patriarcal, pero con una pequeña franja de la población que había podido infiltrarse en el mundo de la formación y la cultura modernas y abiertas. Y eso se hizo a pesar del majzén y a pesar de los «protectores».

Al evocar estos temas políticos, el viejo Dris no podía dejar de comparar las respectivas situaciones de sus dos países, España y Marruecos. España estaba muy por delante de Marruecos en cuestión de democracia. Y sin embargo, también veía él lagunas en el país de don Quijote de la Mancha. Resulta que España es también una monarquía, además como resultado histórico de un golpe de Estado militar que derrocó al régimen republicano. España, a pesar de la monarquía impuesta por Franco y aceptada después de la muerte de Franco por la gran mayoría de las fuerzas políticas españolas, tiene una constitución que permite un funcionamiento razonablemente bueno de las instituciones. Pero veamos lo que dice el texto más importante

que organiza las relaciones de las instituciones y de los individuos, para intentar comprender si es realmente democrática la
constitución española:

Artículo 56:
*1. El Rey es el Jefe del Estado, símbolo de su unidad y permanencia,
arbitra y modera el funcionamiento regular de las instituciones, asume la más
alta representación del Estado español en las relaciones internacionales [....].
2. La persona del Rey es inviolable y no está sujeta a responsabilidad [....].*
Artículo 62:
*Corresponde al Rey: a) Sancionar y promulgar las leyes. b) Convocar y
disolver las Cortes Generales y convocar elecciones en los términos previstos
en la Constitución. c) Convocar a referéndum en los casos previstos en la
Constitución. d) Proponer el candidato a Presidente del Gobierno y, en su
caso, nombrarlo [....]. Etc.*

Una constitución que le otorga a una sola persona todos
esos poderes y esas inviolabilidades y todos los privilegios subsi-
guientes no es realmente democrática. El difícil contexto político en el que fue promulgada la española (1978), justo después
de la muerte del dictador Francisco Franco, con varios grupos
políticos de izquierdas organizando atentados y con bandas de
derechas asesinando a militantes progresistas, puede perfectamente
explicarla e incluso justificarla, pero después de más de cuarenta
años de existencia y funcionamiento, sería hora de modificarla
en el sentido de hacerla de verdad una constitución democrática,
trasladando los poderes del rey (o de la reina) a los representantes
elegidos del pueblo. Y si la monarquía tuviera que desaparecer por
decisión democrática de la mayoría de los españoles, pues mejor

que mejor. Como diría Pablo Iglesias[54], Dris prefiere para España un «horizonte republicano». Y no es que Dris sea de ese partido de Pablito «Coletas», pero en este punto está de acuerdo con él.

Evidentemente, el viejo Dris sabía que la constitución marroquí era y es muchísimo menos democrática que la española. Ni siquiera eso: sabía que era totalmente no-democrática, por lo que las elecciones (que en España sí funcionan democráticamente), en Marruecos son monedas de sucio mercadeo político entre los partidos que se presentan a esas elecciones y el ministerio del Interior, cada uno de los pretendientes intentando colocar la cantidad más grande posible de sus candidatos en las localidades más importantes.

Las organizaciones de izquierdas en Marruecos tampoco presentaban una alternativa realmente democrática y nunca, hasta el momento, se han puesto de acuerdo para militar juntas por un programa de mínimos. Cada una iba y va por libre, pensando sin duda que tenía y tiene la solución milagrosa de la complejidad y dificultad del presente político y social.

Un último apunte, esencial: la cuestión del laicismo en Marruecos. El artículo 3 de la constitución de 2011 afirma: *«El Islam es la religión del Estado, el cual garantiza a todos el libre ejercicio de los cultos».* Ya se ha dicho que la esfera religiosa debe de estar estrictamente separada de la esfera política, pero hay que insistir en que no puede haber democracia sin laicismo. Como lo afirma el abogado Abderrahim Berrada, uno de los más firmes y coherentes demócratas de este país, el laicismo *«es una opción*

---

[54]  Nacido en Madrid en 1978, Pablo Iglesias Turrión era miembro dirigente del partido Unidas Podemos. Fue vicepresidente del gobierno de España. Dimitió en 2021 y volvió a su puesto de profesor universitario.

*de sociedad que se justifica por sí misma, como necesidad y no porque sea compatible con el islam[55]».* No aceptar el laicismo es impedir el ejercicio de la libertad de opinión y de creencia, por lo tanto, es poner un impedimento fundamental a uno de los puntales de la democracia.

En Marruecos, los partidos democráticos (o mejor: supuestamente democráticos) no plantean la necesidad del laicismo. Tampoco la gran mayoría de los intelectuales que dicen ser democráticos. De ellos dice el abogado Abderrahim Berrada, en el mismo libro citado (p. 23), que son impostores políticos objetivamente cómplices de los fanáticos totalitarios[56].

La cuestión laica es pues la que marca una de las diferencias fundamentales entre la situación política general en España y la situación política general en Marruecos.

Primera conclusión: el gran problema político en Marruecos es la ausencia total de una alternativa política democrática a la situación de dictadura moralmente corrupta y podrida, en la que tienen un papel relevante partidos como el Partido Istiqlal, la Unión Socialista de Fuerzas Populares, el Partido del Progreso y el Socialismo (que se autoproclaman democráticos), los partidos islamistas como el Partido Justicia y Desarrollo, amén de los partidos afines y sumisos a la monarquía, que se han ido multiplicando con el tiempo.

---

[55]  Abderrahim Berrada: Plaidoirie pour un Maroc laïque. Tarik Éditions, Casablanca, 2018, p. 21.

[56]  De esta gran masa de intelectuales y políticos que silencian la cuestión laica, Abderrahim Barrada excluye, en particular, a Abdellah Zaâzaâ (ver su libro citado en nota número 39), a la Asociación Marroquí de Derechos Humanos (AMDH) y a la Asociación Movimiento alternativo por las libertades individuales (MALI).

Segunda conclusión: el viejo Dris, cuando empezó a militar en 1970, ya se hizo republicano, y cuando abandonó en 1979 la organización marxista-leninista en la que había estado, siguió siendo republicano. Y sentado frente al estrecho de Gibraltar y a las costas gaditanas de España, seguía siendo republicano. Y con una suerte de sonrisa irónica, quizás también escéptica, se decía a sí mismo: «Amigo mío, eres republicano y vas con dos reyes a cuestas».

Por todas estas razones y otras, el viejo Dris decidió entonces —por esas fechas de principios del siglo veintiuno— dedicarse a lo que mejor sabía hacer: la enseñanza del español y la escritura. Y eso no significaba que eso fuese bueno o malo, simplemente era lo que le gustaba, lo que podía hacer sin problemas y gracias a lo cual cobraba un sueldo mensual que le permitía, a él y a su familia, vivir sin demasiados agobios. Eso sin contar que también Fátima trabajaba y ganaba más que él. Y, naturalmente, empezó a intentar poner en práctica lo que le había dicho su amigo Larbi y lo que él, desde hacía bastante tiempo ya, había comprendido perfectamente (dada la realidad en la que se movía): pensar más en su familia.

En 2002, Paquita tenía ya 89 años, pero parecía que su razón no quería admitirlo. Ella afirmaba que si se cansaba pronto, si no podía hacer todas las cosas de su casa (barrer, fregar el suelo, quitar el polvo, etc.) era porque estaba enferma del corazón. Desde luego que estaba enferma del corazón, pero las fuerzas físicas de una persona de esa edad ya no son muchas. Le quedaba poca vista, tan poca que difícilmente podía leer y ver la televisión. El oído tampoco lo tenía muy fino, había que elevar bastante la voz para que pudiera oír y comprender lo que se le decía. Y lo olvidaba casi todo. Pero sus olvidos eran como selectivos. Aquello con lo que no estaba de acuerdo se le iba casi inmediatamente de la memoria y, al contrario, lo que deseaba o las metas que quería lograr se le incrustaban en la mente y no había manera de arrancarlas. También se le incrustaban sus preocupaciones. Por ejemplo, durante años le estuvo repitiendo a su hijo Dris que ella le había propuesto a Asusa y Si-Milud bajar a cocinar y comer en el primer piso del edificio (que era el que ella ocupaba), en vez de hacerlo en el tercero, que es donde se comía desde que su hermana vivía allí. La razón era que Paquita no quería subir las escaleras, porque eso la cansaba mucho, y su hija Asusa tenía que bajarle el desayuno, el almuerzo, la merienda y la cena, y también se cansaba. Ella se quejaba de eso cuando venía el viejo Dris a visitarlos.

—Mira, hijo, yo ya no puedo ir subiendo y bajando escaleras, pero es que tu pobre hermana también se cansa, entonces ¿por qué no cocinar aquí y de esta manera se acaba el problema?

La hermana menor de Dris también tenía problemas cardiacos y se cansaba mucho, pero no quería acceder a los deseos de su madre porque su marido rechazaba estar todo el tiempo en el apartamento de su suegra. Y es que Paquita, en tiempos en que tenía una tele y su hija no, dejaba muy poco, casi nada y de mala gana, que su suegro y sus nietos vieran los programas que les gustaban.

—Me lo estropean todo, hijo, me ponen la habitación hecha una pena.

Era verdad en parte, pero también era verdad que la que le arreglaba su salón era su hija Asusa y que la alegría de su familia bien hubiera valido ese pequeño esfuerzo. Pero con la edad, los razonamientos de Paquita se adentraban cada vez más en ella misma, en sus intereses y necesidades más inmediatas.

Por ejemplo, desde hacía unos diez años, empezó a tenerle un apego exagerado a todo lo que le pertenecía, desde lo más importante hasta lo más insignificante. Quizás, inconscientemente, fuese una reacción normal después de una vida llena de dificultades durante la cual cada plato, cada muñeco, cada vaso, cada sartén, y no digamos ya cada televisión, le costaban numerosos ahorros, sacrificios y tiempo. Esa tendencia suya se fue solidificando hasta hacerla casi insensible a las alegrías de sus parientes. Pareciera que sólo le importaban esas pertenencias. Amina, la primogénita, cuando estuvo con ella en 2002 durante unos meses, tiró a la basura un montón de viejos cacharros y trapos, pero… lo tuvo que hacer a escondidas, sin que Paquita se diese cuenta.

El viejo Dris seguía yendo de Rabat a Casablanca para ver a su madre, a su hermana y familia. Un día de ese 2002 estuvo mirándola mientras cenaba. En un momento dado vio que su mano, al llevar la cuchara a la boca, temblaba y llegaba con dificultad. Sus ojos parecía que se le querían cerrar. Entonces Asusa le preguntó:

—¿Tienes sueño, mamá?

—Sí, estoy cansada.

Hasta ese entonces comía sin problemas, pero de vez en cuando, informó su hermana a Dris, tenía como un bajón y le faltaban las fuerzas.

Paquita sentía que ya no le quedaban muchos años de vida y sus hijos lo sabían. Unos días antes, en que había estado su hijo con ella, le había dicho que las personas deberían de morirse y no vivir de ese modo:

—Para estar así prefiero morir, hijo mío, porque cuando una persona ya no se puede valer por sí misma, se vuelve un estorbo para los demás y un sufrimiento para ella misma.

—Pero, mamá, tú estás bien, comes bien, no te duele nada...

—Sí, hijo, pero no puedo hacer nada.

—Ya, pero eso es porque eres mayor y porque estás enferma del corazón, cualquier movimiento te cansa enseguida. ¿Quién no se cansaría a tu edad, mamá, y con el corazón enfermo?

—No, si tienes razón, demasiado bien estoy para la edad que tengo, pero a veces me pregunto: ¿para qué seguir viviendo en estas condiciones? Y sólo le pido a Dios que me recoja ya, a ver si así descanso de una vez.

En 2003 aún se daba cuenta de que iba perdiendo la memoria. En agosto de ese año tuvo una larga conversación con su hijo el viejo Dris.

—¿Cómo están tus dos mujeres?

—Muy bien, mamá. Fátima está algo cansada, pero bien, dentro de lo que cabe.

—La chiquitina con sus estudios, ¿no?

—Pues no, porque estamos todavía en agosto, está de vacaciones.

Paquita se calló, reflexionó largo rato y después dijo:

—Claro, está de vacaciones, ¿y cuándo empieza?

—El 12 de septiembre, o sea, le quedan unas dos semanitas.

—Pues que descanse y se lo pase bien, porque después tendrá que trabajar mucho.

Esta conversación, con pequeñas variantes, la repetía a cada una de las visitas del hijo y varias veces durante una sola visita. Y ella se daba cuenta:

—Tengo una memoria que parece un tamiz, hijo mío, todo se me va, todo se me olvida. ¡Ay, mi pobre cabeza!

Pero ese día de agosto charlaron de un tema que no solían tocar muy a menudo: aludieron a Mohamed, el padre del viejo Dris, y al asunto de la huerta.

*Paquita en 2002 (Foto Souad Guennoun)*

—Él, el pobre, se dio cuenta de lo que había hecho, pero claro, se dio cuenta cuando ya era demasiado tarde. Porque un día vino y me dijo. *«Nos vamos a ir a la porquería del Barrio»*. Y yo: «¿Qué? ¿A la casa del Barrio?». *«Sí, a la casa del Barrio»*. «¿Y por qué motivo?». *«Porque he vendido la huerta»*. «¡¿Qué has vendido la huerta?!». *«Sí, he vendido la huerta»*. «Pero…, pero… ¡¿cómo…, qué…, qué…, por qué…?!». *«Porque yo le presté a un tío 4 millones de la caja del dinero de los trabajadores y ha venido una inspección y tengo que devolver el dinero inmediatamente»*. «¿Y le has prestado el dinero a ese tío así como así? ¿Un dinero que no es tuyo, que es del majzén?». *«Ya lo sé, pero, por favor, no me digas más, cállate»*. Así que, qué iba a hacer, hijo…

—La verdad, mamá, es que papá hizo algo así como una locura.

—Sí, hijo, sí, yo no sé cómo personas mayores pueden hacer cosas así.

—Pero seguramente ha sufrido mucho por eso.

—Eso sí, el pobre ha sufrido mucho, sufrió lo suyo. ¡Ay, hijo, la dichosa huerta, que no se me olvida, es como una espina que nunca deja de pinchar!

—Claro, fue una desgracia muy grande.

—Y que lo digas, hijo, pero, en fin, son cosas de la vida.

—Pero nos ha ido bien a pesar de todo, ¿no, mamá?

—Sí, hijo, sí, gracias a Dios sois todos personas como Dios manda. Tenéis vuestro trabajo, vuestros hijos, vuestras casas… El único, Mohamed, que mira que siempre se lo he dicho: Mohamed, hijo, cómprate una casa…

—Mamá, Mohamed ya tiene casa.

—Ah, ¿sí? ¿Desde cuándo?

—Desde hace unos tres años o más.

El asunto de la huerta era el que más pena le daba a Paquita cada vez que se acordaba de ello. La familia se había ido al Barrio en 1959, pero volvió a la huerta en 1968, en condiciones mucho mejores: Mohamed padre había cambiado la *nuala* por una casita muy agradable, había instalado la luz eléctrica, había perforado un pozo que tenía un agua excelente… Desde 1968 hasta finales de 1971, Paquita vivió sus años más tranquilos y seguramente más felices, viendo que todos sus hijos y todas sus hijas estaban bien y no eran patanes del Barrio ni moros analfabetos. Después ocurrió eso, la huerta (con su casita y su pozo y sus árboles) fue vendida por una miseria y se tuvieron que volver a la casita del Barrio, que no habían cedido a nadie.

Paquita, de todos modos, sólo quería estar en casa de su hija Asusa. Por 2003, habían estado ella y su hija mayor Amina una temporadita en Salé, en el apartamento que habían comprado Fátima y Dris en el conjunto residencial Diar 3.

Ella se lo había pasado bastante bien, por haber estado casi siempre rodeada de gente, mimada por el cariño de Fátima, y claro, sin tener que subir ni bajar escaleras… Y a pesar de todo, a menudo repetía:

—Bueno, Dris, ¿cuándo podrás ir a Casablanca?

—¿Para qué, mamá?

—Hombre, si te fueras, nos podrías llevar a tu hermana Amina y a mí.

—Eso, y os quedaríais solitas las dos allí, sin más compañía que las paredes y los muebles.

—No, porque allí está Asusa, y está Wafaâ, que viene de vez en cuando.

—Asusa no está en Casablanca, mamá.

—¿Qué no está en Casablanca? ¿Y dónde está?

—Pues en Tánger-Tetuán, que ha ido allá para que la vean médicos amigos de Selam y le hagan análisis por lo de sus manos.

—Ah… ¿y cuándo vuelve?

—Pues no lo sabemos.

—¿Pasarán por aquí al volver?

—Sí, pasarán por aquí y os recogerán a las dos, pero no sabemos cuándo.

A Paquita ya le habían dicho muchas veces que Asusa y Si-Milud estaban por Tetuán-Tánger, pero se le olvidaba.

Otro asunto que la preocupaba y no se le olvidaba era el de su pensión.

No se acordaba el viejo Dris en qué año exactamente la administración española, con gobiernos del PSOE en el poder, le otorgaron a Paquita no la pensión que le correspondía en tanto que ciudadana española que nunca había cotizado a la Seguridad Social, sino una pequeña ayuda mensual a la que ella le daba una gran importancia porque, por una parte, permitía que se sintiese española, parte de un pueblo y de una nación que no la olvidaba, que la tenía en cuenta y se preocupaba por ella, y por otra parte sentía que de ese modo participaba en la economía de la familia de su hija (cuando estaba en casa de Asusa y Si-Milud) y de su hijo (cuando estaba en casa de Fátima y Dris). Pero cuando el PSOE perdió las elecciones después del gran escándalo de los GAL y subió al poder un gobierno del Partido Popular presidido por José María Aznar, le quitaron esa pequeña ayuda. La embajada española, a través de su consulado general en Casablanca, le cortó limpiamente, sin previo aviso ni información, ese suministro. A Paquita eso no le gustó, de modo que le pidió a su nieto Adil que fuera a ver qué es lo que pasaba con su pensión. Después de que el nieto explicara en el consulado general de España en Casablanca que la señora Francisca Luque Llamas exigía que se le pagase lo que ella pensaba que era su pensión, el consulado envió a casa de Asusa y Si-Milud a dos jóvenes señoras a verificar en qué situación se encontraba esa vieja mujer que hacía tales exigencias. Las dos señoras sacaron una certera y exacta conclusión de su visita: Francisca Luque Llamas (que evidentemente estaba empadronada en el consulado español de Casablanca) se encontraba en una excelente situación desde el punto de vista de su salud y desde el punto de vista material, puesto que no le faltaba de nada. Tenía a su disposición todo un apartamento, una hija, un cuñado y nietos que se ocupaban de ella, estaba bien vestida y bien alimentada, tenía todas sus necesidades materiales garantizadas. Y a partir de esa certera conclusión adoptaron una mala decisión: a esa vieja señora no había que otorgarle ningún tipo de ayuda porque no la necesitaba. ¿Quién le iba a decir a Aznar y al gobierno de España que ese dinerito era un derecho y no una limosna que podían ofrecer o no ofrecer según les viniera en gana? ¿Pero acaso les importaban los derechos básicos de los españoles pobres a Aznar y a sus gobiernos? El viejo Dris pensaba y piensa que no.

A Paquita le dolió que le quitaran esa cantidad que le pertenecía por ley y se sintió abandonada por España. Era una cantidad verdaderamente mínima, pero para ella era importante. Y se acordaba a menudo de esta cuestión y la hablaba con su hija Asusa y con su hijo Dris, que eran los dos a los que más veía.

—Pero no te preocupes mamá, que no te falta de nada, además no era mucho lo que te daban, que se lo queden.

—Ya lo sé, hija. Ya sé que no era mucho, pero son unos canallas porque me han quitado lo que es mío, y no tienen derecho, y no tienen perdón de Dios.

Paquita nunca olvidó lo que le habían quitado, y el viejo Dris tampoco. Ella únicamente lo olvidó en 2004-2005, cuando ya no se acordaba nada de los acontecimientos y vivencias recientes.

En cualquier caso, la que más penalidades pasaba con Paquita era Asusa, posiblemente porque era la que más caso le hacía, la que con más resignación y cariño le consentía sus caprichos y algunos desplantes. Pero el viejo Dris estaba seguro de que su hermana pensaba en su madre, en sus cosas buenas y en sus cosas menos buenas y le perdonaba todo cuando hacía sus cinco oraciones diarias. Asusa sabía (y lo hablaba con su hermano) que la razón de su madre, lo mismo que sus fuerzas físicas, se había degradado mucho. Y lo aceptaba todo de ella con tal de que sufriese lo menos posible. Dris le había propuesto pagar los servicios de una enfermera o mujer que se ocupase de Paquita, pero a Asusa no le agradó la idea:

—Mamá no quiere que nadie, aparte de mí, se ocupe de ella. Piensa que si yo no lo hago es que ya no la quiero, que ya estoy harta de ella. Así que, si traemos a una mujer, le pondrá una cara así de larga y acabará ahuyentándola.

Verdad era que Paquita aceptaba a regañadientes que incluso su otra hija, Amina, se ocupase de ella, para dejar descansar un poco a Asusa o que esta pudiera hacer algún breve viaje turístico con su marido. Pero Amina era mucho menos tolerante que Asusa a la hora de aceptar o no lo que pedía o deseaba con ahínco su madre:

—Mira, mamá, Asusa se cansa mucho porque está enferma del corazón, como tú, y le cuesta mucho estar subiendo y bajando escaleras llevando tantas cosas, así que mientras yo esté aquí, te traeré la comida yo. Y ella vendrá a verte con tranquilidad cuando tenga tiempo.

—Bueno, hija, qué le vamos a hacer.

Paquita aceptaba el hecho consumado en ese instante, pero cuando, a la siguiente comida, veía llegar a Amina con la bandeja y los platos, volvía a hacer la misma pregunta:

—¿Y Asusa, por qué no me trae ella la comida? ¿Está mala?

Por 2004 se acordaba todavía de bastantes acontecimientos relativos a la época de encarcelamiento de su hijo Dris, el cual aprovechaba para hacerle preguntas sobre las luchas que llevaron a cabo las familias de los presos.

—Mira, hijo, la verdad es que pasamos bastante miedo, al menos yo. La primera vez que hubo jaleo fue cuando hicisteis esa huelga vuestra, que yo es que no me venía el sueño de noche, pensando ¿pero cómo pueden estar tanto tiempo sin comer? Yo ya sabía que una persona podía resistir así hasta veinte días, por las huelgas que ya habíais hecho antes del juicio, pero más tiempo… Dios mío, qué angustia…

—Claro, ni nosotros sabíamos lo que iba a poder ocurrir, pero vosotras protagonizasteis algunas luchas, ¿no?

—Ay, hijo, yo no sé si eso eran luchas o qué, pero nos azuzaban bastante los policías cuando íbamos a algún sitio a pedir que os dieran lo que pedíais.

—¿Cuándo fue la primera vez que os azuzaron?

—Pues eso, cuando vuestra huelga en Kenitra. Que era el cuarto o quinto día, y era día de visita, así que allá nos fuimos todas –éramos una gran mayoría de mujeres, casi todas de Rabat, Casablanca y alrededores, pero también de Tánger y Tetuán. Pero nos dijeron que no, que mientras no paraseis la huelga, no habría visita. Entonces tres mujeres pidieron ver al director. Él aceptó recibirlas, pero les dijo que nada de visitas, que estaban prohibidas porque hacíais una huelga ilegal. Entonces una de esas mujeres, al salir del despacho del director, se puso a gritar *«¡¡Quieren matar a nuestros hijos!! ¡¡Quieren matar a nuestros hijos!!»*. Madre mía, la que se armó. Nosotras nos pusimos también a gritar, sin saber en realidad lo que estaba pasando. Los guardianes que estaban en la puerta se pusieron como tiesos, amenazadores, y empezaron a decirnos que nos alejáramos de la gran puerta de entrada. Y nosotras que queríamos ver a nuestros hijos, que queríamos ver a nuestros hijos...

—Sí, nosotros también oímos esos gritos. Estábamos en el patio dando vueltas, y la verdad es que nos sobrecogieron.

—Pues sí hijo, al final sacaron a las tres mujeres, y se ve que llamaron a la policía porque vino uno de ellos a pedirnos que nos fuéramos a nuestras casas, pero nosotras nada, que queríamos ver a nuestros hijos... Yo estaba muerta de miedo, mira que si se ponen a repartir mamporros..., pensaba, pero nada, que a la fuerza ahorcan, dice el refrán, así que allí me quedé aguantando con las demás.

—¿No repartieron mamporros?

—No, no, no, la verdad es que al final el policía ese nos dijo con mucha tranquilidad que no habría visita aunque nos quedáramos allí gritando toda la semana, que ellos se irían turnando, y nosotras a ver qué íbamos a hacer...

—Y os tuvisteis que marchar.

—Qué remedio, hijo, pero antes tu mujer y otras esposas jóvenes se pusieron de acuerdo para verse y preparar alguna acción.

—Alguna acción...

—Pues sí, era así como llamaban lo que hacíamos cada vez que íbamos a algún sitio a pedir que os dieran lo que pedíais.

Una de las acciones que tuvo cierta resonancia mediática fue el haber protagonizado el *latif*[57] (una rogativa) delante de la mezquita

---

[57] La palabra *latif*, en árabe, significa gentil, amable. En cuestiones religiosas, protagonizar el *latif* (una rogativa) significa pedirle a Dios que solucione una gran desgracia que se ha abatido o se puede abatir sobre una comunidad o un grupo de gente.

Assunna de Rabat, un viernes al mediodía, en que la afluencia de los fieles es máxima. Formaron las mujeres una gran comitiva. Todas las madres, esposas, hermanas, también padres y hermanos y algunos amigos habían sido avisados… Formaron la comitiva y se fueron directamente a la mezquita entonando «ya latif, ya latif». Algunos periodistas simpatizantes estaban igualmente presentes.

—Tu mujer y yo nos tuvimos que poner chilabas, para evitar cualquier problema o susceptibilidad con gente musulmana. Pero ese día fue bastante duro, porque la policía, que había sido cogida por sorpresa, quiso llevarse a comisaría a varias mujeres jóvenes, pretextando que estaban cometiendo desórdenes en lugares públicos. Pero hijo, no pudieron, porque las madres —a las que todas llamaban las viejas, pero muy cariñosamente— se enfrentaron a los policías y les dijeron que nanay de la China, que si querían llevarse a alguien, que las detuvieran a ellas.

—¿Y eso?

—La verdad es que yo me maravillaba ante la inteligencia de esas mujeres. Ellas acusaron a los policías, a voz en grito, que querían violar a las más jóvenes, por eso se las querían llevar.

—En realidad, la policía sabía que eran las jóvenes las que llevaban la voz cantante y organizaban las acciones.

—Anda, y también lo sabían las viejas, por eso no dejaron que se las llevaran.

Esas mujeres no pararon sus acciones hasta que se acabó la huelga. Paquita participó en casi todas. Lucile le explicaba lo que iban a hacer y le pedía si estaba de acuerdo. Ella siempre estaba de acuerdo.

—¿Cómo no iba a estar de acuerdo, con el miedo que yo tenía de que te murieras? Además yo ya no pensaba sólo en ti, pensaba también en los demás, porque todas, viejas y jóvenes, teníamos las mismas angustias. Y no te digo cuando supimos que una de las chicas había muerto…

—Sí, Saïda Mnebhi.

—Ay, los pobres padres…, qué dolor, hijo. Mira, yo, si no hubiera sido por Lucile que me daba ánimos, a pesar de que también ella sufría mucho, la pobre, de verdad no sé si hubiera podido seguir viviendo.

Pasaban los días y los meses, y Paquita seguía envejeciendo.

A sus 92 años, en 2005, era todo un poema. El poema del olvido. Sus recuerdos y su capacidad de raciocinio se iban como esfumando. Prácticamente cada mañana (estando con Fátima, Sonia y Dris en su apartamento de Salé) preguntaba qué casa era esa, dónde estaba, si era alquilada o de propiedad, que no sabía nada de sus hijos porque no sabía dónde se encontraban y qué era de su vida… Y cuando alguno se ausentaba, preguntaba:

—¿Dónde está Fátima?

—Ha salido, mamá, tiene un trabajo en Rabat.

—Ah, vale.

A los dos minutos:

—¿Fátima está durmiendo?

—No, mamá, ha ido a Rabat.

—Ah, ya.

Esto del olvido parece normal. La mayoría de las personas mayores ya no «registran» los acontecimientos, ideas y cosas que les ocurren, pero se acuerdan generalmente de personas, aventuras o sucesos de su pasado (juventud y adolescencia, en particular). Paquita, por su parte, según los momentos, se acordaba bien y contaba mejor los momentos pretéritos o, al contrario, mezclaba hechos distintos y a veces lejanos en el tiempo. Dris se preguntaba a veces qué organismo o qué partícula de algún organismo se va atrofiando en nuestro cerebro hasta ir dejando nuestra memoria no en blanco, no como un cuenco vacío en el que el sol ha ido secando la savia que permitía que los recuerdos aparecieran normalmente, sino un cuenco en el que sólo lo más antiguo resucita, como si quisiéramos volver atrás, empezar de nuevo, evitar la desaparición definitiva.

Paquita estaba en esta última fase: no registraba, no grababa, se le presentaban retazos de su infancia, de su juventud, de su edad madura, también algunas cosas más recientes. Iba mezclando acontecimientos y personas (pero no totalmente, tenía momentos de lucidez admirable) y sólo era verdadero y real aquello que tenía en la mente, una idea, un pensamiento, un sentimiento, un objeto, una persona, una imagen…

Pero una cosa seguía palpitando en su interior: un sentido del humor que le hacía ver la vida (o mejor: sentirla, respirarla, absorberla) con una placidez y una distensión de maravilla. Por ejemplo, estaba en la cocina desayunando, llegaba Fátima, le daba un beso y le decía:

—Buenos días, abuela, ¿cómo estás?

—Hola, hija. Pues mira, debo de estar bien, puesto que estoy comiendo.

—Pues me parece perfecto y me alegro.

Y Fátima le acariciaba el pelo y le daba otro beso, mientras ella seguía masticando con sus dientes rotos (algunos) y una sonrisa pícara.

Otro asunto con el que bromeaba era el callejón. Había un pasillo que iba del salón a la cocina y que tenía unos tres metros

PAQUITA EN TIERRA DE MOROS

o más de largo. La primera vez que Dris la llevó de la mano y entraron, dijo:

—¡Uy, qué callejón! ¿Adónde vamos a salir, hijo?

—Tranquila, mamá, desembocaremos en la cocina.

—Bueno, hijo, menos mal que tiene salida, que si no…

A partir de entonces, prácticamente cada vez que iban a la cocina o salían de ella, decía:

—Hala, al callejón con salida.

También bromeaba con el armario del dormitorio, que era bastante grande. La primera vez que lo vio le dijo a Fátima:

—Hija mía, por poco os quedáis sin armario…

—Sí, es grande.

—Seguro que aquí no cabe toda la ropa, ¿no?

—La verdad es que tenemos mucha ropa y necesitamos sitio.

—¿Y este armatoste está firme?

—Sí, es un armario empotrado, sólo lo de fuera es madera, el resto es de ladrillo y no se mueve.

—Pues menos mal, hija, porque mira que si se os cae encima…

Pero su mente iba cada vez más al pasado. En 2006, su presente era como si no existiera. Las personas con las que vivía las situaba en su pasado, con sus padres y sus hermanos, los abuelos, tíos y tías de Dris.

Eran aproximadamente las cinco de la tarde del 22 de abril de 2006. Estaba el viejo Dris con Paquita, su madre. Ella estaba sentada sobre el colchón, adosada a un almohadón. Siempre que se sentaba con ella, hablaban, a veces durante horas. Y siempre empezaba ella la charla. Él siempre se callaba y esperaba que empezara ella la charla, porque sabía que iba a ser más o menos como siempre.

—¿Qué tal van las cosas, Dris?

—¿Qué cosas, mamá?

—Pues qué cosas van a ser, hijo, las del país, las cosas de la gente.

La verdad, esa vez no planteó el tema habitual. Respondió él, muy dubitativo.

—Regular, mamá.

—No hay mucho trabajo, ¿verdad?

—Pues no.

—Eso es lo peor, hijo, eso es lo peor. Porque si la gente no trabaja, a ver, ¿con qué come?

—Es verdad, mamá, tener trabajo es fundamental.

Un silencio… y volvió al tema habitual:

—Mohamed, ¿qué sabes de él? ¿Te habla de vez en cuando?

—Pues sí, claro, de vez en cuando.

—¿Están bien?

—Yo fui a Tetuán hace dos meses y estaban bien.

—Lo principal es que estén bien de salud todos. Claro, tienen que trabajar, pero lo principal es que tengan salud. Y Amina, ¿ha llamado alguna vez?

—Sí.

—A ver si es verdad que viene. Amina, ¿tiene alguna cría?

—¿Tú no te acuerdas que sólo tiene un hijo que se llama Jalid?

—A mí me parece que tenía una hija, pero como mi cabeza está tan trastornada… Y Asusa tiene dos.

—No, Asusa tiene cuatro.

—¿Cuatro?

—Sí.

—Eso es la familia. Pero ¿cómo tiene cuatro si ella no los ha tenido a pares?

—Pues eso, los ha tenido los cuatro… Uno, dos, tres, cuatro.

—Sí, ya, pero yo no veo el tiempo para cuatro. Porque si los hubiese tenido por pares, pues sí, pero uno a uno…, y cuatro…

—Pues sí, mamá, los ha tenido uno a uno y cuatro.

Después pasa a otro de sus hijos, Ahmed:

—Ahmed, ¿sigue en Tánger?

—Sí, mamá, y está muy bien.

También se acuerda de Selam, el último de la lista de los seis hermanos y hermanas:

—¿Y le va bien?

—Sí.

—Eso es lo que hace falta, que les vaya bien.

Después ya no se dirigió a él. Se puso a charlar como si estuviera conversando con otra persona.

—Una vecina me decía: los hijos son como los pájaros, en cuanto tienen las primeras plumas salen volando. Y es verdad, los hijos son iguales, los padres los crían y, en cuanto se hacen mayores, a volar se ha dicho.

Paquita se calló un momento, se quedó reflexionando y acabó expresando la idea que en ese momento le atravesó la mente:

—Ese niño, pobrecito…

—¿Qué niño, mamá?

—Uno de los niños de la familia.

—¿Qué le pasa?

—Angelito, que está ahí puesto y como hace frío, no lleva casi ropa y está en ese sitio, pues se está quedando helado, así que haced el favor de quitarlo de ahí, que es que si no…

—Vale, mamá, ahora mismo lo quito.

El 28 de abril de 2006 Paquita estaba bien. Estaba sentada y charlaba. Él estaba preparando unos ejercicios para sus estudiantes y la oyó llamar. No supo qué nombre dijo, porque cada vez llamaba a uno diferente. Marta era el más utilizado, seguido por María, después venían Anita, Fátima, Jadiya, Asunción... Indistintamente nombres españoles o marroquíes. Ningún nombre de varón, todas chicas.

Se sentó con ella sin hablar, garabateando en sus papeles. Ahora ella también estaba callada. Estaba con las manos enlazadas entre las rodillas. De vez en cuando miraba hacia él, lo veía escribir y no hablaba. Se quedaba como pensativa, con la mirada fija en no sabía qué lejana idea. Tenía la cara demacrada, la cuenca de los ojos enorme y dentro unos párpados que parecían haberse achicado con el tiempo. Esos grandes y bellos ojos azules que fueron, ahora se habían vuelto pequeños, estaban adentrándose cada vez más en su cuenca, como preparándose para desaparecer. Esos bellos y grandes ojos azules que fueron ya sólo brillaban con lágrimas que le salían intermitentemente.

No hablaba, pero la presencia de él parecía tranquilizarla. Lo miraba escribir, reflexionaba, parecía que alguna idea se le había ocurrido, o que había visto algo. Él estaba de todos modos atento a lo que ella iba a decir. Y en efecto, al final preguntó por el perro de su nieta Sonia:

—¿El perrito está aquí, Dris?

—Sí, en su sitio.

—No se oye, está tranquilo.

—Estará durmiendo.

Se calló otra vez. Y después de un rato de silencioso deambular mental, pasaron otra vez a los hijos, hijas y demás familiares.

—Yo quisiera que nos diéramos una vuelta por allí y viéramos cómo está todo eso.

—¿Por dónde vamos a darnos una vuelta, mamá?

—Pues por allí, a ver cómo están todos.

—Bueno, si quieres nos damos una vuelta, pero ¿a quién quieres ver?

—Pues a todos. A Rosario… ¿dónde vive ahora Rosario?

—La tita Rosario ha muerto, mamá.

—¿Cómo que ha muerto? Si hace nada de tiempo hemos estado hablando con ella, mira, sentados allí mismo.

—Mamá, te digo que la tita Rosario ha muerto hace mucho tiempo.

Ella se calló entonces cerrando los labios y él se arrepintió de haberla contradicho, porque pensaba que eso le provocaba cierto desasosiego. Pero esa vez ya era demasiado tarde. En general le seguía la corriente, pensando que quizás eso le permitía tener la sensación de que estaba efectivamente en los sitios y con las personas que iba recordando. Porque no dejaba de pensar en las que conformaban y conforman su entorno y las que su imaginación, que parecía funcionar a la manera de un sueño, a salto de mata, le iba trayendo a su presente.

—La madre de Fátima, antes le cogía cerca, ¿verdad? Porque la pobre mujer antes venía, pero ya no viene, debe ser que le coge lejos.

Y se callaba otra vez. Su mente cambiaba de tema. Miraba hacia el techo, se pasaba la lengua por el labio superior, se quedaba quieta otra vez.

Muy a menudo le venía a la memoria el Barrio, donde vivió tantos años de su vida:

—Tú hoy no tienes tiempo para ir *p'allá, pal* Barrio, ¿no?

—¿Al Barrio, mamá? ¿Pa qué voy a ir al Barrio?

—Por las lamparitas, hijo, que hacen mucha falta. Y también el orinal, que no sé si Asusa se lo trajo o si se lo dejó, que para mí es más práctico.

Después ve el orinal en el suelo y dice:

—Dris, espérate, estaré yo tonta… Este es el orinal, ¿no?

—Sí.

—Y yo preguntando…

Él, cada día, se sentaba largos ratos con su madre, porque sabía que con Jadiya, la chica que se quedaba en casa cuando no estaban ni Fátima ni él, no se llevaba muy bien. En general, ella se animaba en cuanto aparecía Fátima o aparecía él, y se ponía a expresar sus recuerdos. Recuerdos dispersos, pero que eran su vida interna actual. El 3 de mayo de 2006, inmediatamente después de darle un beso y sentarse a su lado, le dijo:

—Si no estuviera esto tan lejos… Claro, si no estuviera tan lejos cualquiera de las personas que pasan por aquí podría cogerme, alguien que se fuera para allá, y llevarme.

—¿A dónde, mamá?

Ella respondió con toda la seguridad del mundo:

—A dónde va a ser, a Marruecos, de donde he venido, a llevarme con mi madre y mi padre. Porque aquí, tan lejos…, claro, ellos los pobres míos no pueden venir.

Y se quedó callada un buen rato. Y él también, con ganas de llorar. Pero se acordó de repente que su madre, a los cinco o seis años, había estado con una tía suya una temporada en La Línea de la Concepción. Igual no lo pasó demasiado bien con su tía. En cualquier caso, en esa ocasión le atribuyó, por primera vez, hijos que no eran suyos:

—¿Te escriben tus hijos?

—¿Qué hijos?

—Pues tus cuatro hijos.

—Yo no tengo cuatro hijos, mamá.

Se rio y dijo:

—Ay, no, los tres, que ya te quería yo añadir otro.

—Pues no, tampoco tengo tres.

—¿No?

—No, mamá.

—Pues yo siempre te he conocido a tres.

—Pues no puede ser, porque yo no tengo tres hijos, sólo tengo una.

Se quedó callada un buen momento, pensando muy seria:

—Mohamed Ali...

—Mohamed Ali no es mi hijo.

—Pues yo siempre lo he conocido como tu hijo, desde pequeñín.

—Pues lo siento mucho, mamá, pero te equivocas.

—Que no, Mohamed Ali, Mounir y Wafaâ... ¿Dónde está ahora Mohamed Ali?

—En Inglaterra, mamá, de profesor investigador en la Universidad de Oxford.

—Muy cerca se ha ido el puñetero.

Pasando los días, a su madre le iban viniendo con más insistencia los recuerdos más lejanos. El 11 de mayo de 2006, al sentir que él estaba ya en casa, llamó a... María. Apareció él y ella dijo, tranquilamente:

—Hola, hijo.

—¿Quién es María, mamá?

—Pues esa que está allí hablando.

DRIS BOUISSEF-REKAB LUQUE

—Están estudiando, mamá.

—Ah, no lo sabía.

Se sentó cerca de ella en la habitación y no había acabado de hacerlo que oyó:

—¡Matilde!

—¿Quién es Matilde?

—Pues quién va a ser, Matilde Trujillo, la novia de Pepe Vilaseca, que llevan mucho tiempo de novios.

—¿Qué hace Matilde?

—Pues está estudiando también, los estudios estos vuestros.

—¿Dónde vive?

—Los dos viven en Alcazarquivir, por el puente, ¿sabes dónde queda el puente? Pues por allí, su madre tiene una tienda, es costurera. Pues esos son los novios más antiguos que hay en Alcazarquivir.

Después, por el mes de junio, Paquita pasó a una etapa en la que tenía como una idea fija de que esa casa en la que se encontraba era un lugar en el que la retenían… Quizás era un hospital, o algo peor.

—¿Y no pueden llevarnos a la casa, a la casa, a la casa nuestra? Esa es nuestra casa, ¿no podremos tampoco? Es que, donde estaba, todavía estaba yo con ella, que ella se vino al hospital y yo me quedé fuera. Estaba ella todavía en el hospital.

—¿Quién es ella, mamá?

Pero Paquita seguía sus reflexiones como si estuviera sola. Se hablaba a sí misma, cada vez más dentro de su mente, y sólo le respondía a veces si la pregunta iba en el sentido exacto de sus reflexiones:

—Será menester que deje por lo menos un día… ¿Es que tú tampoco quieres que me vaya a tu casa?

—¿Yo?

—Bueno, en espera de que me cojan en un sitio de estos donde cogen a los mayores, porque, ¿adónde voy a ir? ¿a la calle?

—No, mamá, tú no irás a la calle.

—Ya, pero si dices que los de aquí piensan echar a gente fuera… En tu casa no está tu mujer, pero, en fin, ya nos apañaríamos como fuera. Como ya son seis días que no tengo fiebre… Además, ya me ha dicho el médico que el organismo va pudiendo con la fiebre, así que tú dirás lo que haremos.

—Vale, mamá, tranquila que irás a mi casa.

Pero no respondió, se quejó despacio… Y un momento después dijo:

—¿Y tu madre cuándo viene?

—Mi madre no viene porque ya está aquí.

—Ah, yo no sabía que estaba aquí.

—¿No lo sabías?

—No lo sabía, de verdad. ¿Tu madre está aquí, dices?

—Sí.

—¿De hace mucho?

—Pues sí.

—No la habrán dejado que venga, cuando ella no ha venido.

—Pero ¿quién se lo va a prohibir?

—No lo sé, sé cuándo se fue y ya está.

Hablaba con dificultad, las palabras se le entrecortaban y repetía:

—Entonces, ¿no tenéis dónde meterme a mí en la casa?

—Ya estás en la casa, mamá.

Se calló brevemente y siguió quejándose:

—¿Te duele algo, mamá?

—Me duele algo aquí, en este lado. De buenas a primeras me ha entrado un dolor aquí. A Antonio no le pilla lejos para venir. Los demás no están lejos tampoco, para venir de vez en cuando. Ahora, no sé qué dirán, que estoy aquí, veremos a ver… ¿Wafaâ sigue allí, en Mohammedia?

—No, ya no está en Mohammedia.

—¿Trabaja allí?

—Digo que ya no está allí, mamá. Ahora vive en Casablanca.

Su respuesta pareció dejarla perpleja. Se calló, reflexionó y habló otra vez:

—Y tú, mañana si Dios quiere, ¿pa dónde piensas coger?

—Pa ninguna parte.

—¿Cómo?, ¿bastante?

—No mamá, he dicho pa ninguna parte.

—¿No vas a ir a ningún sitio?

—Eso es.

—Bueno, por lo menos iremos a ver a los que están aquí. Los chiquillos de Wafaâ, no ha sido nada, ¿no?

—No, mamá, no ha sido nada.

—Lo que pienso es que Asusa no piensa que estemos aquí. No sé, algo hay, se creerá que hemos cambiado de casa o algo. Pero se le llama, se le dice y ya está. Los chiquillos, si se les lleva al campo, mejor, están allí al aire libre, jugando, corriendo, están mejor. Las muchachas que había ayer, todas, no están, ¿verdad?

—No, ya no están.

—Pero debían de haberse quedado y arreglar de lo primero a lo último, todo bien arreglado de una vez, cada cosa en su sitio, bien limpito… Oye, ¿hay algo de comer?

—Sí.

—Y al niño, ¿qué le dan de comer?

—¿Qué niño?

—El de Asusa.

Y antes de responder él, se le cerraron los ojos, se puso la mano izquierda sobre la mejilla y pasó a otro tema:

—Bueno, y Mohamed Ali, ¿*machi iyi nehna*?[58]

—¿Cómo dices?

—Que si Mohamed Ali *machi iyi nehna*.

—¿Y eso qué significa?

—Claro, cada uno está en su sitio, estamos *esparruaos*.

Un breve silencio y otro salto de mata.

—¿Qué vamos a comer esta noche?

—Comida, mamá.

—Hombre, ya se sabe que no va a ser basura, pero aunque sea poca, ver lo que hay y repartirla para todo el mundo. El chiquitín se harta con su leche y *baraka alih*[59], se le deja un poco pa la madrugada, por si tiene hambre, y ya está. El otro chiquitín, ¿quién es?, ¿el de Asusa? No, el de Asusa le da su pecho y ya está.

Otro silencio, este más largo. Respiraba algo jadeante. Cerró los ojos y respiró más tranquilamente. Pero los abrió otra vez, como si se hubiera acordado de algo:

—Asusa, ¿por qué no habrá venido?

—Pues porque no habrá tenido tiempo, mamá. Digo yo…

—Que ella ayuda, es espabilá, si viniera… Dris, y si viene el dueño de esto, ¿nos echa a la calle? ¡Ay, madre! ¿Y dónde nos vamos, entonces? Alguien me tendrá que llevar a casa.

---

[58]   ¿*Machi iyi nehna?*: en árabe marroquí del norte del país: *¿va a venirse aquí?*
[59]   *Baraka alih:* ya es suficiente.

DRIS BOUISSEF-REKAB LUQUE

—¿A qué casa?

—A nuestra casa, con papá y mamá.

—Pero si los abuelos no están en casa, mamá.

—¿Y mamá?

—La abuela no está aquí, mamá.

—¿Cómo que no está aquí? Si yo hace apenas un día estuve hablando con ella.

—Ah, ¿sí? ¿Y de qué habéis hablado?

—Pues nada de particular…, cosas de la casa. Yo le enseñaba los zapatos que me he comprado, y Rosario, que quería comprarse un vestido…

—Ah, muy bien. Pero, mamá, ¿tú sabes que el dueño de esto soy yo?

—¿Quién?

—Yo.

—Ah, si eres tú, *encantá* de la vida, ya el pecho se ensancha un poco, pero yo no me creía que esto era tuyo, hijo, que Dios te dé mucho.

—Gracias, mamá.

Y casi sin ninguna transición, como si de repente le hubieran entrado ganas de trabajar, dijo:

—Si queréis, empezamos. Vamos a empezar por la verdurita, que está sin cortar. Cortamos la verdurita y hacemos la sopa. Se echa la verdura bien cortadita…

Y empezó a querer levantarse, pero no le alcanzaban las fuerzas y se volvió a echar, quejándose un poquitín. Y otra vez se le cerraron los ojos, o más bien, se le *semi-cerraron*, como si luchase para no dejarse llevar por el sueño. Después de un largo rato (más de tres minutos) se le cerraron completamente. Pero aún no estaba dormida del todo. Se encontraba en un estado de *no man's* sueño en que ya se estaba yendo a la inconsciencia pero cualquier ruidito, el más leve frufrú la volvía a traer a la consciencia. Él escribía en silencio. El boli no arañaba el papel, pasaba como si lo hiciera sobre un pedazo de seda, pero el papel, al tener que moverlo un poco, sí hizo ruido, y eso le reabrió otra vez los ojos a medias. Pero no dijo nada. *Semi-miró* hacia él y su presencia pareció tranquilizarla. Quieta, tranquila, cerró otra vez los ojos y se quedó dormida.

El viernes 26 de mayo de 2006 llevó a su madre a casa de su hermana Asusa. La llevó él en coche esa mañana. Hizo el viaje con él Hafida, por si hubiera pasado algún percance en el camino, o por si su madre hubiera tenido algún desfallecimiento, pero todo fue bien. Ahora mismo estaba en su nueva cama, medio sentada, descansando. Su comentario:

—Es pequeña la casita, pero es bonita.

Él había salido a hacer unas compras a la tienda de al lado y al volver se la encontró charlando con Hafida. Le dijo a esta que se fuera con su hermana a la cocina, que él ya se encargaba de su madre. Se quedaron solos.

—¿Qué le decías a Hafida, mamá?

—Nada, le decía que a ver cómo lo hacía, porque las pobres gallinas se han quedado fuera, como la puerta está cerrada, pues se han quedado fuera, así que…

—Bueno, mamá, ya se las arreglarán, las gallinas vuelan.

—Vuelan muy poco, pero qué remedio, ya verán ellas cómo se las apañan…

Y como el problema de las gallinas (las gallinas que hacía más de cuarenta años tenían en la huerta) se solucionó, pasaron a otro tema:

—A ver si se lo dices tú.

—¿A quién?

—A quién va a ser, a tu hermana, que me tiene que ver un médico, que esto mío no puede ser, porque es que no me duele nada, estoy bien, ni la cabeza, ni el estómago, pero es... ¿cómo te diría yo? Esa flojera que me coge que ya no puedo con mi alma, así que... Porque yo creo que lo que necesito es que me dé algo que me dé energía, que se me quite esta flojera que... ¡Ay, Dios mío!, así que a ver si tú...

—Sí, mamá, llamaremos a un médico.

—Gracias, hijo mío, que Dios te lo pague.

—Mamá, que Dios no puede pagarme.

Ella se dio cuenta de que su hijo bromeaba, pero, incluso sonriendo, respondió con cierta vehemencia:

—Claro que sí, ¿quién te ha dicho a ti que no?

—Lo digo yo, mamá, porque Dios no tiene dinero.

—¿Cómo que no? ¿Tú qué sabes lo que Dios tiene en su arca?

—Pues no lo sé muy bien, pero dinero seguro que no, porque allí no hay bancos, ni cajas fuertes, ni se compran ni se venden las cosas.

Mientras le daba esta respuesta, ella ya estaba en otro tema, por lo que se calló un momento, no mucho, y expresó su preocupación:

—¿Sabes lo que pienso?

—¿Qué piensas, mamá?

—Que cómo vamos a hacer para volver a casa.

—¿A qué casa, mamá?

—Pues a la casa de la que hemos venido.

—Pero mamá, si acabamos de llegar.

—Ya, pero tendremos que ir a la casa, ¿no?

—Pues no lo sé, yo diría que mejor que te quedes algún tiempo aquí, con Asusa.

—Claro, con Asusa, con ella sí, pobrecita mía, ella es un trozo de pan.

El lunes 25 de diciembre de 2006, a las nueve y media de la noche, Asusa llamó por teléfono a su hermano y le avisó que su madre había muerto.

Cualquier persona normal puede pensar: bueno, murió, se le hicieron los ritos, se la llevaron al cementerio y se acabó. Pero no fue así de fácil. Dos problemas se le presentaron, uno con los marroquíes, otro con los españoles, como si ni los unos ni los otros le hubiesen perdonado el haberse casado con un hombre que no era de su religión ni de su nacionalidad.

Los marroquíes le pusieron peros para que se la enterrase en un cementerio musulmán. Menos mal que Si-Milud era muy conocido y muy respetado en el barrio y con el acta de matrimonio de Paquita, en la que le habían puesto que era musulmana y cambiado su nombre por el de Amina Islamía, la cuestión se solucionó y Paquita fue enterrada en un cementerio musulmán de Casablanca. Ella no creía en los musulmanes, no creía en los cristianos, no creía en los judíos, sólo creía en Dios, de modo que el sitio, a esas alturas, le daba igual.

Los españoles también le pusieron peros. Unos peros con los que no pensaba Dris toparse cuando fue a informar a las autoridades consulares de la defunción de Paquita. No aceptaron los documentos marroquíes que indicaban la fecha de la muerte de Amina Islamía. Era normal, puesto que el nombre no coincidía con el de Paquita. Pero Dris les había traído un documento oficial que indicaba que esos dos nombres diferentes correspondían a la misma persona. Ni por esas. Nada, no quisieron saber nada. Así que el hijo los mandó a paseo. Creía recordar que pensaba enviarles una carta diciéndoles que allá ellos. Pero a lo mejor ni lo hizo, porque estaba que trinaba y menos mal que aprendió a reprimir sus ansias de insultar algo mejor que su padre Mohamed...

El tiempo que les tocó vivir a Paquita, Mohamed, sus hijas y sus hijos fue de grandes posibilidades y, al mismo tiempo, de grandes limitaciones y desilusiones. Grandes posibilidades de desarrollo y de progreso porque Marruecos acababa de recuperar su independencia formal, grandes limitaciones y desilusiones, porque los partidos y líderes políticos que dirigieron la lucha por la independencia (entre otros complejos problemas político-económicos y sociales, en particular una corrupción que sigue galopando desde entonces), en vez de dedicarse a trabajar por el país y sus gentes, pusieron en práctica políticas de confrontación con la monarquía para apoderarse del poder, cada uno según sus maneras, sus métodos y sus muy particulares intereses.

En esas condiciones se fueron yendo los españoles y los franceses de Marruecos, entre ellos los parientes más cercanos de Paquita. Cada uno, en el lugar que eligió o que le tocó en suerte, se esforzó como pudo para vivir.

En Marruecos, las nuevas condiciones, con la «independencia» formal, favorecieron una importante movilidad de la población en busca de mejoras materiales y/o intelectuales, lo que propició que la familia de Dris, tanto la mora como la española, se *esparruó* también poco a poco.

En la actualidad, los miembros marroquíes de esa familia se encuentran en Marruecos algunos, en España otros, en Francia y Bélgica una tercera parte, unos cuantos en Alemania y Finlandia y una última parte en Inglaterra. Algunos de ellos casados con moras, otros con españolas, otros con francesas y belgas, otras con españoles e ingleses. De modo que el viejo Dris tiene parientes en todos esos países: sobrinos y sobrinas moros y moras, españoles y españolas, franceses y francesas, belgas... Es como una micro-humanidad en proceso de conocimiento y reconocimiento mutuo: un rico proceso de interculturalidad.

Todo eso gracias a Paquita y a Mohamed, o quizás gracias a la abuela Josefa. Quién sabe.